AF522701

HEILICHOBEND DEHAAM

Hildegard Bachmann

HEILICHOBEND DEHAAM

Weihnachtliches uff Rhoihessisch

Die Geschichte „Jeder fer sich“ wurde zuerst in „Das kleine rheinhessische Weihnachtsbuch“, hg. von Volker Gallé und Angelika Schulz-Parthu, im Leinpfad Verlag, Ingelheim, veröffentlicht. - „Weihnachte in Eltville“ wurde zuerst in „Das kleine Rheingauer Weihnachtsbuch“, hg. von Ulrike Neradt, im Leinpfad Verlag, Ingelheim, veröffentlicht, während die Texte „De Adventskronz“, „Weihnachte frieher“ (als „Weihnachte“), „Weihnachte im November“ und „E Nickelmännche“ zuerst in Hildegard Bachmann „Dämmerstindche“ im Leinpfad Verlag, Ingelheim, veröffentlicht wurden.

Umschlag: kosa-design, Ingelheim
Illustrationen: Ursula S. Kosa
Layout: Leinpfad Verlag, Ingelheim
Druck: TZ Verlags & Print GmbH, Roßdorf

Leinpfad Verlag, Leinpfad 5, 55218 Ingelheim,
Tel. 06132/8369, Fax: 896951
E-Mail: info@leinpfadverlag.de
www.leinpfad-verlag.de

ISBN 978-3-937782-75-1

Inhalt

E Wunner is geschehe

Ja, bei uns is e Wunner geschehe: Mir habbe e Enkelche krieht. De Felix, 8 Pund schwer und 59 Zentimer groß. On Heilichobend is er drei Monat alt un es erstemol debei, un mir sin all sehr dankbar dodefer.

E goldich Kind. Nadierlich sin mer aach sehr stolz uff en. Was er schun alles konn! Lache, kodern, in moine Arme schloofe. Ach, es is ofach wunderbar!

Un was hot dess alles mit Weihnachte se due, werd ihr jetzt frooche?

Dess konn ich eich saache: E Kindche kam domols aach on Weihnachte zur Welt. Arm hot‘s in de Kripp gelehe in Hei un Stroh. Un bei ihm soi Mutter, die Maria. Un die Maria, die hatt ihr Kindche bestimmt genau so lieb, wie moi Dochter de Felix odder wie ich unser Kinner domols hatt. Ich konn mer gut vorstelle, was die Maria fer Lieb empfunne hot un wie glicklich se war, abber aach was fer Ängst un was fer Sorche se hatt.

E Kindche in em arme Stall zur Welt zu bringe, dess hot se sich sicher aach onnerster vorgestellt. Donn war es aach noch so kalt un wie leicht dut sich so e Kindche erkälte. In Discher hot se es oigepackt un versucht, es in ihre Arme warm zu halle. Monchmol wollte ihr die Träne kumme, abber sie hot se nunnergeschluckt, sie durft jetzt net uffgebbe, dess Kind hot se gebraucht. Un sie hatt trotz all ihrer Ängst, all ihrer Bedenke doch Vertraue. Sie hot on den Engel gedenkt, der ihr verkündicht hot, dass sie den Heiland der Welt gebärn det. Den, uff den alle Mensche schun so long gewaat habbe, den, den merr de Erlöser nennt. Irchendwie war se deshalb voll Vertraue.

Irchendwie hot se gemeent, sie det die Kraft spiern, die dess Kind jetzt schun ausstrahle dut, un sie hot die Liebe gespiert, die dess Kind fer sie hatt, un ihr Ängst un ihr Sorje, die kame ihr uff omol dumm vor. Was sollt ihr schun bassiern? Sie hatt jo de Heiland im Arm un soin Ohblick hot se getröstet. Sie hot ihn geherzt un gekisst und hot em e Liedche vorgesunge un es Kind is oigeschloofe un wie es oigeschloofe war, do hot se sich aach hiegeleht, un während ihr so longsom die Aache zugefalle sin, hot se nochmol fer des Kind e Dankgebet gesproche.

Unsern Felix kam uff die Welt, wurd gleich in e warm Bettche geleht, war behütet vun Ohfong oh. Un die Eltern warn glicklich un die Omas un die Opas un die Verwandte un alle Freunde warn glicklich.

Unsern Felix is e Geschenk, on dem mir uns alle erfreue derfe, von dem die Menschheit nix erwaat.

Er soll nur lebe und uns Freid mache un en ohständiche Mensch wern. Er soll e gut Lebe habbe, dess wünsche mir uns all fer ihn.

Un wonn er lernt, wie die Maria, dem Kind in de Kripp zu vertraue, wonn er zulässt, dess es ihn uff soim Lebenswech begleit, donn werd er alles ibberstehe, was es Lebe ihm ufferleht. Donn brauch er nie Ängst se habbe.

Er muss es nur zulosse.

Weihnachte frieher

Wenn ich on Weihnachte denk, so wie's fer mich frieher war, do krieh ich so e sehnsichtich, melankolisch, trauriches Gefiehl. Ich det gern noch emol on die Dier vun de Vergangenheit kloppe und wenn die sich öffne det, do sollt's grad widder so soi wie frieher

Mein Gott, mir hatte net viel. Es gab aach koo große Geschenke. Es war aach domols fer mich net so wichdich, die Hauptsach war, dass Weihnachte war. Die Freid, die ich domols hatt, wonn de Heilichobend vor de Dier stand, die Uffrechung, dess erwartungsvolle Kribbele, un donn den Ohblick vum Weihnachtsbaum, de Geruch vun brennende Kerze, vun Tanne un selbstgebackene Plätzjer, dess hot mich gradzu in en Rauschzustond versetzt, den ich, seit ich erwachse bin, nie mehr erlebt habb.

Es war domols net so wie heit, dass merr in de Geschäfte schun Ende September ohgefonge hot, Reklame fer Weihnachte se mache, so dass es om monchmol direkt ohekelt. Nikeleis im September, dess geheert doch verbote! Die gonz Vorfreid nimmt merr de Kinner dodemit. Lebkuche, Anisplätzjer, Dominostoo. Is donn Weihnachte, hot merr dodruff ibberhaupt koo Lust mehr. Bei de Frau Sohn odder bei de Fischer Anna in Draas, in dene ihre Lädcher, do wär so was gar net aussedenke gewese. Gott sei Donk. Es wär fer uns Kinner rein gefiehlsmäßich viel zu viel verlorn gonge.

Weihnachte hot fer mich immer ohgefonge, sobald die Mudder de Adventskronz kaaft hot. Der war aus Tanne gebunne und hot immer rote Schleife und rote Kerze gehabbt. Koon Mensch wär uff die Idee kumme, gelbe, weiße odder blaue Kerze odder Schleife druffsemache. Naa, rot, uff jeden Fall rot, so musst er soi. Sunst wär's ofach kooner gewese.

Om erste Adventssunndaach wurd die erst Kerz om Adventskronz beim Friehstick ohgesteckt. Es war drauße noch duster, und de Schoi vun de Kerz hot de Kaffeedisch in ebbes Besonderes verwondelt. Ich hab immer zwischedorch beim Esse uff die flackernd Kerz geguckt. Es war on dem Morje aach friedlicher om Kaffeedisch als sunst. Moi Mudder, moin Vadder, moi Schwester un ich, mer ginge all irgendwie behutsamer mitenonner um.

In de Schul hatte mir aach en Adventskronz stehe. Jeden Morje wurde do die Kerze ohgemacht.

Wer e Gedicht saache konnt, der sollt sich melde und durft dess donn vor de gonz Klass uffsaache. Als Belohnung braucht merr on dem Daach koo Uffgabe zu mache. Dess ging so bis zum letzte Schuldaach, em 23. Dezember. Es war schun schee.

Uff em Plätzje unne wurd donn en Tannebaum uffgestellt. Der war jetzt de zweite greifbare Vorbote uff Weihnachte. Es war jetzt bald gonz nah. Donn de Nikelos. De Schüler Rudi, als Nikelos verkleid, is dorch die Draaser Gasse gezoohe. Neberm ging de Knecht Rupprecht. Obwohl mir Kinner uns vor dene gefircht habbe, sin mir dene nohgelaafe un sogar, de Rudi soll's uns verzeihe, sogar mit Stoo habbe mer nooch em geworfe. Ich glaab, es is aus Verzweiflung gescheh. Weil mir, die mir hinnerm Rudi her sin, mir warn all Kinner, bei die er net kam. Armeleitskinner halt. Mir habbe so gedoe, als ob uns dess nix ausmache det, abber heimlich habbe mir doch Träne vergosse. Was hätt ich en Spass gehabbt, wonn de Rudi im Lebe zu uns haam kumme wär un hätt uns de Nikelos gemacht! Aber es hot halt net solle soi un so war ich froh, dass ich en wenigstens leibhaftich on dem Daach sehe konnt.

Wonn moi Mudder mied geschafft obends vun Gunsenum haamgelaafe kam, do hot die donn in aller Eile unser Nikelosdeller zurechtgemacht un uns ins Wohnzimmer gestellt. De Nikelos hätt‘s abgebbe, er hätt koo Zeit zum Waate, er misst noch so viel Kinner heit besuche, hot moi Mudder uns donn erzählt. Mir habbes gern geglaabt un warn em Nikelos so donkbar fer unser Deller. Äppel, Appelsine, Plätzjer, Niss, en Nikelos aus Schokelad, dess war alles dodruff. Schokelad gab‘s net oft bei uns. Wenn ich donn welche hatt, do habb ich immer e Stickche abgebroche, in de Mund geschobe, mit de Zung on de Gaume gedrickt un gonz longsom verlaafe losse. Dess war en Genuss, den merr zwar selten hatt, der abber dodefer gonz intensiv war. Heit kriehe die Kinner zu jeder Zeit Schokelad un es is nix Besonderes mehr fer se.

Korz nooch em erste Advent hot moi Mudder ohgefonge, Plätzjer se backe. Es gab domols bei uns net viel Sorte, Buttergebackenes, Spritzgebackenes, omol mit Schokeladeguss, omol ohne. Es gonze Haisje hot geduftet, un ich konnt‘s gar net abwaate, bis es erste Blech aus em Backofe kam. Die Mudder musst die Plätzjer nooch em Backe gleich versteckele. De Vadder hot nämlich so gern genascht un immer heimlich mit soine große Händ in die Plätzjerdoos gegriffe. Un was der zu fasse krieht hott, dess hott der gefasst. Und dess war net wenich bei so große Händ. Abber die Mudder konnt se grad versteckele, wo se wollt, er hot se doch immer gefunne.

De Piffke Kniddelbriem, dess war unsern Hund, wenn

de Vadder zu dem gesaat hot: „Piffke, such de Mudder ihr Plätzjer!“, do wusst de Piff genau, was er jetzt mache sollt. Er is gonz unruhich worn un hot ohgefonge se suche, so long halt, bis er se hatt. Meist hatt die Mudder se unne in de Nähmaschin versteckelt. Die Nähmaschin war domols noch in so em Schronk und der Platz war als Plätzjeversteck gut geeichnet. Wenn de Piffke gonz uffgerecht vor de Nähmaschin erum is, musst die Mudder doch lache un hot meist freiwillich e paar, abber nur e paar!, rausgerickt.

Hot‘s vor Weihnachte aach noch geschneit und war‘s schee kalt, donn war‘s in Draas so richdich schee. Do kam om alles wie im Märche vor. Ich waaß noch: Ohmol, do hot die Feierwehrkapell uff em Kercheplätzje om Heilichobend neber‘m Tannebaum Weihnachtslieder gespielt un die Schneeflocke sin debei gonz zart und leise vum Himmel gefalle. Ich hab dess nie vergesse.

Om Heilichobend, do wurde mir middaachs gebad. Donn sin mir nuff in unser Stibbche und habbe uns die Zeit bis zu de Bescherung mit Spiele verdribbe. Die Mudder hot unne im Wohnzimmer de Christbaum geschmickt. Es Wohnzimmer, dess wurd nur on besondere Feierdaache uffgeschlosse und benutzt. Deshalb war des allo schun ebbes Besonderes on Heilichobend. Merr hot schun beizeit es Feier drin ohgemacht, damit alles obends gut durchheizt war. Wonn‘s ohgefonge hot se dunkele, hot merr unne om Haus geheert, wie de Vadder haam kam: Es Fahrrad hot er immer mit Schwung on die Hauswond gestellt, und wenn er abgestiehe ist, hot er immer so gehust.

Komisch, dass Männer on Weihnachte immer kreebisch sin. Er hot meistens vor de Bescherung noch schnell in de Krimmele gesucht und noch mit uns zu schenne ohgefonge, damit soi Gefiehle net so weihnachtlich warn, so sentimental. Er hat dodevun zuviel, aber er wollt se net zeiche, deshalb war em immer irchendebbes net recht.

Donn war‘s soweit, mir habbe es Glöckche bimmele geheert. Zuerst warn mir wie erstarrt, sin donn abber voll Freid und voll Erwartung ins Wohnzimmer noi.

Als erstes sahe mir donn de Baum. Unsern Baum, do hot er gestonne und soi Kerze habbe gestrahlt und soin Ohblick hot uns e bissje atemlos gemacht. Donn habbe mir Weihnachtslieder gesunge und mit om Aache immer schun unner de Baum geguckt nooch de Geschenke. Wie gesaat, es war net viel, mol e Paar Unnerhose, en Pullover, Hondschuh, alles praktische Sache, meist selbst gemacht. Aber on ohns hot die Mudder immer gedenkt: Sie hot immer dro gedenkt, dass se Mädcher hatt, die gern gespielt habbe. Un so hot aach immer ebbes zum Spiele unnerm Baum gelehe. Kloone Böbbcher in em kloone Bobbewaache droi, odder e Böbbche in ner winzich Badewonn drin zum Bade. Was mir so glicklich do dribber warn, dess kann ich gar net saache.

Die Eltviller Oma hat meist e Paket geschickt un dess laach aach noch unnerm Baum. Ohmol, dess hab ich nie vergesse, do hatt die Oma mir un moiner Schwester, jedem en selbst genähte Schloofozuuch geschickt, inne gonz mollich. Wie die uns net mehr gebasst habbe, do hot se die Mudder uff de Speicher gedoe, un wie moi Mädcher donn in dem Alter warn, wo se ihne hätte basse kenne, do hot se se rausgeholt un de Kinner gebbe. Die Begeisterung fand koo End. Sie warn vun do oh de Mädcher ihr Lieblingsschloofoziech. Hätt die Oma Käthche dess noch erlebt, hätt die sich bestimmt sehr dribber gefreit.

So, die Bescherung hatte mir also hinner uns. De Vadder is jetzt widder ungemietlich worn, er hätt jetzt gern es Licht widder ohgehabbt, er wollt jetzt rätsele und außerdem hätt er Hunger. Net dass er uns Weihnachte net gegennt hätt, abber er hot halt mit soine Weihnachtsgefiehle nix ohfonge kenne. Er war, glaab ich, arich sentimental un hot halt lieber geschennt als geflennt. Also gut, es Licht wurd widder ohgemacht. De schönste Teil vum Heiligobend war vorbei.

Zum Esse gab's bei uns on Weihnacht immer Schnorressalat, Kartoffelsalat mit rote Bete und Matjes-Hering, e paar Äppel kloo geschnitte, Rindflaasch war aach debei. Den Name Schnorressalat hot der emol krieht, als die Katz in em unbewachte Aacheblick sich ibber den hergemacht hot. Geschmeckt hot der gonz toll. Heit noch esse mir den all gern. Nooch em Esse habbe mir widder gespielt un die Geschenke noch emol kontrolliert, damit jo aach kooner mehr krieht hot wie de onner. Die Mudder hot gemietlich im Sessel gesesse und gelese und de Vadder hot als noch gerätselt. Um 10 Uhr hot de Vadder gesaat: „So jetzt is Schluss, morje is aach noch Weihnachte." Maulend sin mir ins Bett. Und im Bett, do habbe mir gelehe und long sin mir net oigeschlofe, weil mir vun der Bescherung noch viel zu uffgereecht warn. Noch so im Oischloofe habb ich donn dro gedenkt, dass ich morje alle moine Tonte un Kusengs moi Geschenke zeiche misst, abber erst morje. Heit war ich jo so glicklich un so mied.

De Brilljontring

Vier Woche vor Weihnachte hatt soi Mudder, wie jedes Johr, en Stolle gebacke. Stolle hot die Mudder nie kaaft, Stolle wurd selbst gebacke. Es ist viel Abet. Abber uff so en Stolle, do is merr jo stolz. Weche dem selbst gebackene un wer backt donn heit noch selbst? Jeder kääft sich en Stolle, abber so gut wie en selbst gebackene is der nie.

De Stolle wurd also gebacke, donn gut verpackt un um – saache merr mol – moos se wern, also weich, in die Vorratskommer geleht.

Nooch un nooch kame noch jede Menge Plätzjer dezu. Korz: Merr war gericht, Weihnachte konnt stollemäßich un plätzjermäßich beginne. Un donn kam de Heilichobend. Jeder hot sich erausgebutzt, die beste Klamotte ohgezohe. Un soi Mudder, die schmickt sich on Heilichobend mit all ihrm Schmuck, den se besitzt. Weil so viel Gelechenheite fer den ohseziehe hatt se jo aach net. Pletzlich heert er, wie die Mudder rieft: „Karl, du saach emol, host du moin Brilljontring gesehe?“

„Naa, sollt ich?“

„Was fer e bleed Ontwort! Es wär mer schun recht, wonn den gesehe hättst, ich finn en nämlich net.“

De Karl, was soin Vadder war, also de Mudder ihrn Monn war, der hatt koo Ahnung, wo der Ring soi kennt un hatt aach gonz onnern Sache im Kopp als den Brilljontring vun soiner Fraa.

„Weiber, immer werd was verleht, immer werd was gesucht. Irgendwonn vergesse die noch emol ihrn eichene Kopp.“

„Karl, jetzt helf merr doch emol suche.“

„Ich hab koo Zeit! Du kennst ruhich emol e bissje besser uff doin Schmuck achtbasse!“

„Aber Karl, ich kennt schwörn, ich habb en letzt noch gesehe.“

„Ja, ja, genauso, wie de geschworn host, die Frau Hirschberger hättste vorgestern noch gesehe, debei is die jo schun zwaa Johr gehimmelt.“

„No un, dess konn om doch emol bassiern. Abber du, du musst derr alles genau merke, um es mir donn bei bassender Gelechenheit unner die Noos se reibe. Ach Gott, wo is er nur, moin Brilli?“

De Brilljontring blieb verschwunne. Dess war net so e lustich Weihnachte wie sunst. Die Mudder war geknickt un blieb‘s aach de gonze Heilichobend. De Vadder war aach sauer, schließlich hat er den Ring jo kaaft un soiner Fraa zum Verzichste geschenkt. Un domols hot er emol was springe losse, do war die Liebe un die Leidenschaft noch om Lodern.

Un jetzt war alles umsunst gewese. Wieviel Stunde hot er fer den Ring schaffe misse, ach Weiber, monchmol kennt merr se uff de Mond schieße. In der Heiliche Nacht, noochdem merr ins Bett is, hot die Mudder fast net schloofe kenne. Alsfort hot se den Ring vor sich gesehe un sie hätt verzwatschern kenne, weil se net wusst, wo er war. De erste Feierdaach war die Stimmung aach net besser.

Die Mudder hot ab un zu emol e Tränche laafe losse un de Vadder hot gebrummt.

Es Middachesse ging vorriber un zum Kaffetrinke hatt merr sich Besuch oigelade. Die Verwondtschaft kam, wie jedes Johr, um Kuche se esse, Plätzjer se schmause un um den gute, selbst gebackene Stolle se versuche. Die Mudder hot mit nerr Weltunnergongsmiene de Kaffeedisch gedeckt, die Plätzjer in Schälcher verteilt, de Kuche geschnitte un de Stolle, den hot se aach geschnitt. Ja, un wie die Verwondtschaft kam, do hott se als erstes jedem verzählt, was ihr bassiert war. „De Ring, ach Gott, moin deiere Ring ist verschwunne. 10 000 Mark hot er gekost", hot se geseufzt, „un jetzt is er verschwunne. Ob om End en Oibrecher bei uns war?"

Soin Vadder, der is bei dere Aussache von weche 10 000 Mark zusommegezuckt. Dess war em aach nei: 10 000 Mark!! Do war gonz klar e Null zuviel genennt worn.

Abber er wusst, wonn er die Sach richtich gestellt hätt, do hätt er die nächst Zeit nett viel zu lache gehabt. Also hot er nur gebrummt un de Kopp geschittelt.

No ja, donn hot merr zusommegesesse un Kaffee getrunke, de Kuche probiert, de Stolle gelobt un pletzlich schreit de Onkel Hons laut uff, hält sich de Mund zu, spuckt donn was uff de Kaffeedeller, es hot „blink" gemacht un do hot er gelehe, de Brilljontring!

„Moi Brilljontring!"

10 000 Mark sin widder uffgetaucht.

Kleinlaut hot die Mudder gesaat: „Jesses, den muss ich beim Stollebacke om Finger gehabt habbe und dodebei is er donn im Hefedaasch versunke."

De Onkel Hons hot gesaat: „Du konnst vun Glick saache, dass ich uff den gebisse habb! Wonn ich en aus Versehe unnergeschluckt hätt, do wär er woonnerster rauskumme. Un doi 10 000 Mark wär sozusaache am Arsch gewese."

Naa, was en Spass! Alles hot gelacht.

Soin Vadder hot nur de Kopp geschittelt un gefroht: „Wonn haste geschworn hättste de Ring es letztemol gesehe? Die vorisch Woch? No ja, Weiber, die lehe sich immer alles so, aus wie se's brauche. Abber alla jetzt, jetzt trinke merr mol all uff Weihnachte un uff de Onkel Hons."

De Onkel Hons, der wollt abber net mittrinke, der wollt zum Zoharzt. Der hat sich, wie er ebe gemerkt hat, e Stick von soim Zoh abgebisse un aach sofort Schmerze krieht. Um 3 Uhr middaachs habbe sen in die Zahnklinik gefahrn. Obends um 8 Uhr, nooch em Obendesse, is er serick komme. Leicheblass. De Zoh hatt merr ziehe misse, un wie er de Mund uffgemacht hot, do konnt merr zwaa Fäden sehe, mit dene merr die Zahnlücke widder zugenäht hat.

De Onkel Hons, dess braucht merr jo wohl net zu erwähne, de Onkel Hons hot niemols mehr Stolle gesse, dess Weihnachtserlebnis hot em gelongt.

Es hot Jahre gedauert, bis er soiner Schwester die Sach mit dem Brilljontring verziehe hot.

Un em Fritz war klar, dass er, wonn er mol heirate det, soiner Fraa koon Ring kaafe det. Jedenfalls net so en deiere. Un er war froh, dass merr den Brilli widdergefunne hot un die Feierdaach doch noch schee geworn sin.

Plätzjer fer zeh Kinner

Moin Vadder war'n dehaam zeh Kinner.

De Großvadder war en kloone Bauer un die Großmudder hot dehaam es Reschiment gefiehrt. In em gonz kloone Haisje habbe se gewohnt. Obbe zwaa kloone Stibbcher. Do habbe rechts die Meed geschloofe un links die Bube. Die Bube hatte es gut, die war'n nur zu zweit. Bei de Meed war die Stubb donn voll. Geschloofe hot merr domols uff Strohmatraze un die Zudecke warn aach mit Stroh gefillt. Unne war donn die Kich, nett so kloo un net so groß. Un links war donn es Schloofzimmer vun de Großeltern. Es Familielebe hot sich, wie's domols ibblich war, in de Kich abgespielt.

Wonn merr in die Stubbe vun de Kinner wollt, musst merr so e Hinkelstreppche enuff steihe. Gonz steil is es nuffgonge un ich erinnere mich, dass ich immer Ängst hatt, wonn ich widder runner bin. Donn de Großeltern ihr Schloofzimmer, do war e Loch in de Deck, e rund etwa 40 Zentimer groß Loch. Faszinierend. Wonn ich obbe in de Bubestubb war, donn habb ich mich uff de Bodden geleht un dorchgeguckt.

Die Geschwister kame net all nochenonner. Naa, do warn monche schun erwachse, als noch e paar dezu kame. Die Große habbe nadierlich de Großmudder helfe misse. Ich konnt mir dess gar net vorstelle: zeh Kinner in so em kloone Haisje!

Abber ohns hot mir immer gefalle: Wonn se vun ihrer Kindheit erzählt habbe. Wonn se zusommegesesse habbe un sich verlaacht habbe ibber all die Straasch, die se in dem kloone Haisje erlebt hatte. Ich habb nie geheert, dass sich ohner vun ihne beschwert hätt ibber soi Kindheit. Sie fande ihr Lebe all toll. De onnern Leit ihr Lebe war aach net besser, merr hot sich mit dem, was merr hatt arranschiert.

Jetzt hot es mich doch emol interessiert, wie dess bei de Großmudder domols on Weihnachte war un so habb ich moi Tonte Irmgard gefroht, un die hot mir donn erzählt, wie dess domols war. Unser Großmudder hätt gut koche kenne. Jeden Daach hot se defer gesorcht, dass die Kinner Gemies, Kartoffele odder Salat uff em Disch hatte. Fleisch gab's nur in kloone Stickcher, abber merr war dro geweehnt un geschmeckt hätt es immer allen. Da die Älteste schun geabeit habbe, warn also nie zeh Kinner om Disch un so war dess doch nett gonz so schlimm. Plätzjer hätt die Oma aach gebacke. Selbst die Tonte Irmgard waaß heit net mehr, wie se dess gemacht hot, wie viel se gebacke hot, nur wo se se versteckelt hatt, dess wusst die Tonte noch genau: unne in de Nähmaschin. Fer zeh Kinner Plätzjer se backe, do muss merr schun es Lebe so nemme, wie es is. Do konn merr net denke, ach Gott, was e Abet. Naa, do hot merr ofach die Ärmel hochgeschobe un ohgefonge se backe. Die Großmudder hätt aus nix ebbes gemacht.

On Weihnachte hätte se middaachs all frisch gebad in de Kich gehockt un gewaat bis endlich es Christkindche kam. Die Großmudder hat de Tannebaum geschmickt, es war warm un gemietlich in de Kich un de Großvadder hot bei de Kinner gesesse und mit dene Faxe gemacht. Er wär en gute Kerl gewese, hot mir die Tonte erzählt.

Un donn kam endlich es Christkind. Es hatt fer jeden e Geschenk. Do wurd kooner vergesse. Irchendwonn geche Obend hätt viele Johr gecheibber vun de Froschgasspump, e paar Meter vorm Haisje, de Widerstein aus Gunsenum gestonne un hätt uff de Trompet Weihnachtslieder gebloose. Es wär so wunderbar gewese. Un donn hätt die Großmudder irgendom vun de Kinner e paar Pennig in die Händ gedrickt un dess Kind musst dess Geld dem Trompeter bringe. Im gonze Ort wär er erum un hätt gespielt un sich so e paar Penning verdient.

Was es on Heilichobend se esse gab, dess wusst die Tonte net mehr. Abber Gott sei Donk, trotz der viele Kinner, se esse war immer genuch do. Merr hot sich vun de eichene Produkte ernährn kenne. Die Tonte Irmgard hot als emol geschennt krieht, weil se so gern Plätzjer gesse hot. Egal, wo die Oma se versteckelt hat, sie hot se immer gefunne. On Heilichobend wurd naddierlich aach gesunge un so is dess en richtich behagliche, scheene Heilichobend gewese. Die Kinner sin donn ins Bett, uff ihr Laacher aus Stroh un warn so glicklich, wie merr nur glicklich soi konn, wonn om es Christkind was geschenkt hot. Om erste Weihnachtsfeierdaach sin se donn all in die Kerch un habbe sich schun in de Kerch uff die Gons gefreit, die schun im Ofe gebrutzelt hot.

Zwaa vun dene zeh sin noch do. Un ibber jedem soi Lebe kennt merr e Buch schreibe. Abber egal wie schwer es aach gewese is: Ihr Kindheit in dem kloone Haisje, die Erinnerunge on all die Gemeinsamkeite, die hot se ihr Lebdaach verbunne. Ich erinnere mich noch on die Draaser Großmudder. Mir hatte net so e Verbindung gehabt wie ich se mit de Eltviller Oma hatt. Naa, dess net, weil die Draaser Großmudder hot donn jede Menge Enkelkinner un Urenkel krieht. Sie hot se all gern gehabbt. Abber sie konnt sich net mit jedem abgebbe. Ich habb se trotzdem gut leide kenne. Un ohns, on dess muss ich immer denke. Als sie alt war, habb ich monchmol ihr Hond in moi Hond genumme un habb ihrn Ehering betracht. Gonz dinn war er worn im Laufe ihres Lebens. Un wonn ich den so betracht habb, do war mir schun klar, was sie ihr Lebdaach geleistet hot. Un mir falle widder die viele Plätzjer oi, die se backe musst, um die kloone Mailer zu stoppe.

Die Bernadette is verschwunne

Wo is nur die Bernadette? Ich konn se nirgends finne. Dess gibt's doch net! Gestern hot se noch hinne uff de Stereoolaach gehockt un jetzt is se fort!

Die Bernadette, dess is moi alt Bobb, so e Schildkreetbobb. Ich häng onner. Sie begleit mich schun fast moi gonz Lebe long.

Un frieher, do habb ich ihr alles erzählt, was mich in moim Kinnerlebe beschäftigt hot, was mich zum Lache un zum Flenne gebrocht hot. Ich hatt se ofach lieb, aach wonn ich ihr monchmol e Stick Bagalit aus ihrm Bobbefuss rausgekaut habb. On den Geschmack konn ich mich noch genau erinnern. Die Nähel on de Händ un on de Fieß un aach ihr Mund, habb ich ihr domols rosa lackiert. De Lack is heit noch dro.

Den Name Bernadette hot se deshalb krieht, weil in Draas gab es so e zart, lieb Mädche, dess hieß Bernadette. Ich erinnere mich noch genau dro, wie se domols uff em Esel geritte is, bei de Fronleichnamsprozession un die Maria dargestellt hot. Ich habb dess nie vergesse. Sie hot genau ausgesehe, so wie ich mir die heilich Maria vorgestellt hat. Ja, un deshalb habb ich moi Bobb Bernadette genennt.

Un jetzt war se fort.

Es war Oktober un ich habb gesucht un gesucht. Nix se mache – sie blieb verschwunne. Niemand hatt e Ahnung, wo se soi kennt.

Ich hatte longe Zeit moi Kinner in Verdacht. Die hatte mir, nochdem ich die Bernadette bei de Bobbedokter gedoe hat un der mir se runderneiert hott, do habbe die

Junge, Verrickte sich gebalcht un dodebei habbe se mir moi Bernadettche uff de Bodden geworfe, worauf se en Riss in ihrm Kopf krieht hot.

Ich war stinksauer. Abber jetzt widder bei de Bobbedokter, naa, dess war mer zu deier. Also hot se mit ihrer Kopfverletzung hinne uff de Stereoolaach gesesse und wie immer freundlich gelächelt.

Aber wo is nur moi Bobb? Ich wollt se unbedingt widderhabbe. Weil es hot mich traurich gemacht, obwohl ich jetzt schun 55 Johr alt war. No ja, die Bernadette war jetzt 50 Johr alt un so e long Zeit, die schweißt om zusomme. Ehrlich, ich hätt flenne kenne. Aber fort is fort, ich musst's akzeptiern.

Die Woche verginge. Es wurd Weihnachte. De Heilichobend kam. Un wie immer sin mir, moin Monn, die Kinner un ich, um 9 Uhr hinner zu moiner Schwester zum Feiern.

Merr hot sich begrießt, frohe Weihnacht gewinscht un moi Schwester hot sich lachend beschwert, vun weche, sie hätte jo noch gar net fertich gesse un mir wärn schun do. Uns doch egal! Die Hauptsach mir warn zusomme. Es wurde gedrickt un gekisst und gelacht. Mir habbe uns immer sehr wohl zusomme gefiehlt.

Donn kam die Bescherung. Die Kinner sin beschert worn, ansonsten hatte mir wie immer ausgemacht, es gibt fer die Erwachsene nix. Ja, un donn habbe sich die Erwachsene beschert, obwohl es jo offiziell koo Geschenke fer die Erwachsene gab. Abber jeder hat doch immer ebbes fer de onnern. Ich habb gonz zum Schluss e groß Paket krieht.

„Naa, oder? Was sollen dess? So e groß Paket! Seid ihr verrickt?"

Alle habbe um mich erum gestonne und mir zugeguckt, wie ich dess Paket ausgepackt habb. Ja, un was war drinn? Ich konnt es net fasse: moi Bernadette! Ohne Koppverletzung im neie Winterklaadche, mit neie Schuh, e Kapp uff em Kopp un en Bobbeschal um de Hals. Oigepackt war noch e Sommerklaadche, weiße gehäkelte Strimpcher un kloone Schuckelcher.

Moi Schwester hot lachend nebber mir gestonne un mir sin die Träne kumme. Net weche de Bernadette, dess hot mich nadierlich sehr gefreit, dessweche hatt ich abber koo nasse Aache. Naa, was mich so berührt hot war: Hier hot jemond voller Liebe on mich gedenkt un mich ofach glicklich mache wolle.

Es ging noch viele Johr so weiter.

Dess war moi Schwester. Sie fehlt mer sehr.

Sechs Rulade hatt se vorbereitet. Schee mit Senf bestriche, mit Gurke gefillt un gonz braun ohgebroote. Om erste Weihnachtsfeierdaach wollt se die donn de Familie als Weihnachtsesse serviern. Mit Kartoffelkleeß, Rotkraut un em gute Woi dete die sicher fer gudd Stimmung om Festdaachsdisch sorche.

Vier Kinner wollte was uff em Deller liehe habbe, hauptsächlich on so em hohe Feierdaach, do wollt sich die Debo Kätti aus Nieder-Olm net lumpe losse. Do wurd uffgefahrn, was die Kich zu biete hat. Also halt Rulade. Weil Rulade warn ebbes Solides, die warn aach net so billich un merr konnt e schee Soß demit mache, fer die Kleeß.

On Heilichobend middaachs sin se ohgebrote worn. Es gonze Haus hot geduftet, es Wasser is de Kinner schun im Mund sesommegelaafe. Jeder hot gehofft, dass bald morje wär.

Die Mudder hot, nochdem die Rulade schee braun ohgebrote warn, die Rulade mim Bräter uff die Fensterbonk gestellt zum Abkiehle un um se frisch se halle. Domols, do war en Winter noch en Winter, do hot Schnee gelehe on Weihnachte, do war's kalt un frisch. Also war die Fensterbonk domols als Kiehlschronk benutzt worn un de Bräter wurd uff die Fensterbonk gestellt. Da merr im erste Stock gewohnt hot, war do koo Gefahr, vun weche, dass die Rulade geklaut wern kennte, naa, in vier Meter Heh, do warn se on em sichere Ort.

Om nächste Middaach hot die Mudder donn es Feier geschiert, die Rulade uffgestellt, um se fertich zu koche. Pletzlich en komische Geruch. Was riecht donn do so?

Sie wusst net, was dess war. Abber der komisch Geruch is immer intensiver worn.

Der kimmt jo aus dem Bräter!

Eiskalt is es de Kätti de Buckel runner gelaafe. Un donn hot se de Deckel uffgehobe, hot en Schrei ausgestoße, donn hot se en Lachkrompf krieht un donn hot se die Kinner gerufe.

„Guckt doch emol, was der alt Simpel, eiern Unkel Alwis, do widder ohgestellt hot!“

Im Bräter drin: vier Brikett. Vun de Rulade weit un breit koo Spur. Die Kinner hatte ihrn Spass. Dess hot ihrem Unkel ähnlich gesehe, der hatt immer so en Unfuch im Kopp, dess war en gonz en lustische.

Ach, dess war emol so en richtiche Weihnachtsspass!

De Unkel Alwis hatt in em unbeobachtete Aacheblick die Laader ohgestellt un is hortich enuffgestiehe un hot die Rulade gemopst, in en onnern Bräter gesteckt un de Spass konnt beginne.

Die Kinner sin zum Unkel, der musst die Rulade widder rausricke un dess Weihnachtsesse war gerettet.

Vergesse abber hot merr die Sach nie. Noch heit lacht die Ursel Domesle, vun der ich die Geschicht geheert habb, noch heit lacht die sich do en Ast.

Jaja, die Unkels, die lerne de Kinner nur Unfuch …

Em Alexander soin Adventskalenner

Es ist bald Zeit fer de Adventskalenner uffsehänge.

Unser Kinner sin schun long aus em Haus, aber trotzdem hänge mir jedes Johr en Adventskalenner uff. Jeden Morje mache mer e Dierche uff un gucke immer noch neigierich nooch dene Bildcher, die do drin versteckt sin.

Monche mache ach 24 kloone Päckelcher, fille se uff mit Schokelad odder Baukletzjer odder so kloone Geschenke un hänge se on en Stoffstibbel. Mir mache dess net. Uns longt unser Adventskalenner. Ich kaaf diss Johr ohner mit viel Glitzer obbe druff. Wonn alles so glitzert uff dem Adventskalenner, finne die Kinner dess gonz toll. Also ohner mit Glitzer un ohne Schnuckelches.

Moim Kuseng Norbert, dem soi Kinner, die kriehe immer ohner mit Schokelad drin. Nur is do e Problem uffgetaucht: De kloo Alexander, der mag koo Schokelad. Is sehr selten, kimmt abber vor.

Ja un, was macht merr in so em Fall? Merr hot hie un her ibberleht un donn is merr zu nerr Lösung kumme. Anstatt Schokelad krieht de Alexander kloone Kabanossiwerschtscher odder so en Bebibell-Käsje oigepackt. Dess is zwar ungewehnlich, abber de Alexander is zufridde un genießt ebbe uff die Art un Weis die vorweihnachtliche Zeit.

Wichtich fer ihn is: Wonn die Päckcher uffgesse sin, donn is endlich Heilichobend! Ohmol, do hot er gemeent, wonn er alles uff ohmol uffesse det, do wär gleich Weihnachte, aber do hat er sich getäuscht. Es End vum Lied war: Er hatt Bauchweh un musst doch noch 23 Daach waate, bis endlich Bescherdaach war. So konn merr sich täusche. Aber jetzt, jetzt waaß er Bescheid un isst sich gemietlich vun ohm Daach zum onnern dorch, bis endlich Weihnachte is.

Ich kenn de Alexander, der is kloor, der gefällt mer gut un dess mit dene Kabanossiwerschtcher un den Bebibell-Käsje, dess basst so richtich zu em.

Kommt und lasst uns alle gehen

Kommt und lasst uns alle gehen,
zu der Krippe in dem Stall,
wir woll'n heut das Kindlein sehen,
das geborn wurd für uns all.

Lasst uns tanzen, singen, lachen,
fröhlich wolln wir sein,
denn das Kind, das heut geboren,
wird unser Retter sein.

Wer dem Kind sich zugewandt
voll Liebe und Vertrauen,
den lässt eines Tages es
in den Himmel schauen.

Dem, der oft im Dunkel lebt,
wird es Lichtschein sein,
darum freu dich, Menschenkind,
du bist nie mehr allein.

Refrain:
Freut euch all und singt mit, Hoffnung wurd geborn,
ein Kindlein wurd zum Retter uns heute auserkoren.
Reicht die Hand dir, hält dich fest, will dir Freund stets sein,
lässt in Not und Elend dich niemals mehr allein.

Enttäuscht

Weihnachte rickte immer näher un Moni war gonz hibbelich, weil sie hatt fer ihr Großmudder immer noch koo Weihnachtsgeschenk.

Dess Geschenk fer die Großmudder, dess wollt se sich bis zum Schluss uffhebe. Es sollt ebbes gonz Besonderes soi. So wie die Großmudder aach fer sie ebbes gonz Besonderes war. Sie hot se heiß un innich geliebt.

Fer alle onnern hat se die Geschenke schon gebastelt odder ḳaaft. Jetzt musst se nur noch genauestens ibberlehe, was se ihrer Oma schenke kennt. Hie un her flooche ihre Gedonke. Es sollt uff jeden Fall ebbes Besonderes soi. Ebbes Scheenes. Ebbes, bei dem die Großmudder genau erkenne konnt, wie liebe se se hatt. Un dann kam ihr die Idee, sie wollt ihrer Großmudder en Kerzeständer schenke. En Kerzeständer, weiß mit blaue Blume druff. Den hatt se im Geschäft gesehe un der det de Großmudder sicher gefalle. Do war se sich gonz sicher. Sie hot ihr Geld gezählt un tatsächlich, es hot noch gelongt fer den scheene Kerzeständer mit nerr dick Kerz. Der Kerzeständer war wunderbar. Die Verkäuferin hot en mit Geschenkbabier oigepackt un noch e rot Schleif drumgebunne. Donn kam Weihnachte un die Großmudder hot sich sehr ibber den scheene Kerzeständer gefreit. Moni war so glicklich.

E halb Jahr später war die gonz Familie uff em 70. Geburtsdaach oigelade. Fer Kinner is so en 70. meist longweilich un nooch em Kaffeetrinke habbe die Kinner sich halt emol die Geschenke betracht. Weiche Honddischer, Porzellan, Blumestraiß, Teekanne, Silberzonge un pletzlich, do sieht die Moni deselbe Kerzeständer, wie se ihrer

Großmudder on Weihnachte geschenkt hatt, uff em Geschenkedisch stehe.

Grad kam die Tante Frieda vorbei un hot gesehe, wie se sich fer den Kerzeständer interessiert hot. „Gefällt er dir?“

Moni hot genickt.

„Ja“, saat die Tante Frieda, „mir gefällt er aach. Doi Großmudder, die hot immer so en ausgefallene Geschmack. Die waaß genau, was mir gefällt.“

Moni musst schlucke. Träne stieche ihr in die Aache. Sie konnt nix mehr saache, ihr Maache war wie zugeschniert. Dess dut weh. Sie war zutiefst enttäuscht. Was hatt se sich fer Mieh gebbe un ebbes gonz Besonderes fer die Großmudder kaaft un jetzt dess. Abber redde konnt sie mit niemond dodribber. Om allerwenigste mit ihrer Großmudder.

Sie hot long gebraucht, um ibber die Enttäuschung wegsekomme un zu begreife, dass selbst Mensche, die merr von Herzen liebt, om aach emol enttäusche kenne.

Die Weihnachtsgeschenke, die se donn fer ihr Großmudder kaaft hot, on die hot se ihr Herz net mehr gehängt.

De Adventskronz

Es war in de Woch vorm erste Advent. Unser Barbara kimmt in die Kich un seet gonz verzweifelt: „Mama, Mama, ebe hot er widder gesaat, er wollt de Adventskronz selberst binne.“

Er, dess is ihrn Vadder, der jo moin Monn is un der seit Johrn unsern Adventskronz selbst bind. Dodribbe is jo aach nix se saache, onnern wärn froh, wonn se so en Monn odder Vadder hätte, der wo selbst de Adventskronz binne dut. Mir sin froh, dass mir unsern Vadder habbe. Abber mir wärn aach froh, wonn er de Adventskronz emol net binne det un mir en fix un ferich kaafe kennte. Mir dete ohner kaafe, der aach uff de Kichedisch basse det, ohner, wo kloo wär, net groß, mir sin jo so bescheiden.

Jedes Johr werd do aach dribber geredd un jedes Johr is es donn so, dass de Vadder, diesmol nadierlich mit dem Vorsatz, de Adventskronz kloo un zierlich se binne, sich voll Elan ons Werk macht, un wie jedes Johr geht‘s so aus, dass mir en Adventskronz uff em Disch leihe habbe, so groß wie e Waacherad, un dass mir zum Beispiel beim Friehstick, om erste, zweite, dritte un vierte Advent net wisse, wo mir unser Budder, die Milch, de Schelee usw. hiestelle solle, weil ofach koon Platz uff em Disch is.

Also diss Johr war‘s halt widder soweit. Er wollt also zur Tat schreite. Wie, ibberleh ich korz, konn ich em beibringe, dass mir net so e groß Waacherad habbe wolle, dass mir so en kloone, schnuckelische Adventskronz uns winsche dete, ohner halt, bei dem merr im Advent aach die Kerze brenne sehe det un zwar in unserer Kich, uff unserm Kichedisch un net ohner, wo merr im Wohnzimmer die Kerze ohstecke muss, die merr donn beim Friehstick gar net sieht?

Schoiheilich geh ich in de Hof zu moim Gatte. „Die Babsi hot gesaat, du wollst widder de Adventskronz selbst binne?" Dess saach ich nadierlich voll Donkbarkeit in de Stimm.

Er nickt und seet: „Ja, du, also ich habb geguckt, die koste jo fertich 35 Mark, also dess is mir entschiede zuviel, ich habb mer do Tanne geholt, e halb Stund, donn habbe mer en Adventskronz fer fünf Mark."

Ich nick un seh vor moine Aache dess Waacherad vun Adventskronz liehe, seh die viele Tannenoodele vor mir, die der verliert, wonn er om Trockne is, un ich saach: „Du, Monn, gell, du denkst dro, kloo, gonz kloo, wechem Platz, weche de Gemietlichkeit."

„Klar", seet er, „klar, ich waaß schun, kloo, wie jedes Johr." Debei grinst er.

Ich grins aach, un saach: „Abber bitte, denk dro."

„Loss mich nur mache, ich mach's schun richtich. Geh noi, sunst erkältste dich noch."

Ich dreh mich noch emol rum un saach: „Gell Schatz: kloo!" Un dess „kloo" saach ich mit zeh Ohs.

Er nickt.

Ich geh ins Haus un waaß genau, mir sin ohne Schangse. Der Kronz werd net kloo, dess seh ich schun on soim Gesicht.

Ebe kimmt noch die Groß haam, freeht wo de Baba is, ich saach: „Drauß im Hof, er bind en Adventskronz."

„Ach, du lieber Gott", kimmt's do vun de Sybille, „do muss ich gleich enaus, dass er uns net widder so e Riese-ding macht."

Sie geht in de Hof, un ich heer, wie se drauße ihrm Vadder seet, wie groß de Adventskronz soi muss. Sie kimmt widder rin, is genau so beunruhicht wie ich un seet: „Der werd net kloo, der werd groß. Ich waaß es gonz genau, er hot widder so geguckt. So groß hot er geguckt!“

Ich muss grinse un saach nix.

Donn geh ich oikaafe. Nooch zwaa Stunde bin ich widder do. Die Sybille empfängt mich, winkt mich gleich ins Wohnzimmer un seet mit ernster Stimm: „Er is fertich, mach dich uff was gefasst.“

Ich versuch mich zu fasse, atme dief dorch un geh ins Wohnzimmer. Tanneduft im Wohnzimmer, uff em Wohnzimmerdisch en Adventskronz, der fast greeßer is wie de Wohnzimmerdisch. Riesegroße Kerze druff, e paar rote Bänder, so steht er do.

Ich denk: „Imposant, dess muss merr‘m losse. Schad, uff de Kichedisch zum Friehsticke odder Kaffeetrinke konn merr den net stelle. Un was riesische Kerze! Ei wonn merr die ohstecke, brauche merr gar koo Heizung mehr.“

Die Sybille seet: „Ich habb em extra gesaat, kloo soll er‘n mache. Extra habb ich em mit de Händ gezeicht, wie groß er‘n mache soll, ich saach nix mehr, nie mehr. Merr konn em jo saache, was merr will, der waaß, glaab ich, gar net, was kloo heeßt. Jetzt habbe mer diss Johr widder so e Waacherad.” Sie seufzt un geht in ihr Zimmer.

Die Dier geht uff, un de Vadder kimmt erinn, er strahlt ibber‘s gonze Gesicht. „No, wie is er worn?”, fräht er mich.

Ich guck en oh un saach: „Ja, doch, schee is er worn, schee groß is er worn, abber mit uff de Kichedisch stelle beim Friehsticke un so, werd‘s wohl diss Johr widder nix.”

„Ach was, Friehsticksdisch, den stecke mer oh, wonn

mer obends gonz gemietlich im Wohnzimmer sitze, do hot der viel mehr Wirkung."

So habbe mir's donn aach gemacht. Om erste Advent habbe mir ohne Adventskronz gefriehstickt un wie's ohgefonge hot se dunkele, sin mir all sesamme ins Wohnzimmer ons Waacherad, habbe e Kerz ohgesteckt, e Weihnachtskassett uffgeleht un habbe all gonz besinnlich sesammegesesse. Die erst groß Kerz, die mir ohgesteckt hatte, hot geflackert in de Dunkelheit, un es war wunderbar. Die Kinner habbe donn gesaat: „Schee is er, unsern Adventskronz, wunderbar is er. Abber, Babba, gell nächst Johr, do machste uns doch en kloone, wo merr aach beim Friehstick uff de Disch stelle konn."

De Babba hot genickt un gesaat: „Macht eich net verrickt, nächst Johr mach ich en kloone, ich versprech's."

Ich habb en beobacht, un ich kennt schwern: Während er dess gesaat hot, do war der schun beim Adventskronzbinne fers nächst Johr. Un ich kennt aach schweern, dass der net in Gedonke en kloone gebunne hot, dess habb ich on soine Aache gesehe, die habbe nämlich so geleicht. Der hot unner Garandie e Waacherad gebunne, wo merr kaum dorch die Wohnzimmerdier krieht. Alles in Gedonke un die Hoffnung uff en kloone Adventskronz, die du ich ab jetzt begrabe. Un ich guck widder in des Flackern vun der Kerz, un wonn ich ehrlich bin, irgendwie gefällt er mir doch, ich det's nadierlich nie zugebbe, sunst bind der in Zukunft nur noch große un donn hätte mir die Bescherung!

Wie maach wohl so en richdiche große bei moim Monn aussehe, wonn en kloone schun so groß is, dass er weder uff de Kichedisch noch uff de Wohnzimmerdisch basst?

De Hubschrauber-Nikelos

De erste Nikelos, den ich in Erinnerung habb, war gonz armseelich ohgezohe un unner dene Klamotte hot moin Großvadder aus Eltville gesteckt. Un ich waaß noch genau: Obwohl ich wusst, dess war de Opa, hatt ich doch Ängst vor em. Moin Kuseng Kurt un ich, mir habbe unnerm Disch gehockt. Ängstlich uff die Schritte gelauscht, die die Treppstieche eruffkame un unser Herzjer habbe gebobbert. Alte Klamotte hatt er domols oh. Un en Sack aus Jute, so en Kartoffelsack, hatt er debei. Un donn hot er uns jedem die Levite gelese un mir habbe unnerm Disch gehockt un uns net getraut erauszukomme. Zum Schluss habbe merr abber doch e Geschenk vun em krieht.

Wie er widder gonge war, sin mir widder fresch worn.

De zweite Nikelos, der mir in Erinnerung geblibbe ist, dess war en Nikelos, der aus em amerikanische Hubschrauber gestiehe is.

Ich muss do so fünf Johr alt gewese soi, do hot's bei uns im Ort gehaaße, alle Kinner misste middachs um vier Uhr enuff uff de Sportplatz kumme un do de Nikelos empfonge. Un do habbe mir donn all gestonne un gewaat. Irgendwonn hot merr gonz laut so e Hubschraubergeräusch geheert. Un donn, mir konnte es net fasse, do is der Hubschrauber uff em Sportplatz vor uns gelond. Ich seh noch heit de Nikelos aus dem Hubschrauber steihe. De Wind vun dene sich noch leicht drehende Probeller hot em um die Ohrn gebloose, soi wunderscheene Nikelosklamotte sin nur so geflohe un beinah wär em noch de Bart vom Wind fortgeweht worn.

Dess muss jo de werkliche Nikelos gewese soi, weil der

kam doch vum Himmel geflohe! Ei, dess gibt's doch net! En Nikelos, der aus em Hubschrauber steiht! Mir konnte es net fasse. De echte Nikelos!

Ja, un donn, do hot der Nikelos was gesaat, was kooner verstonne hot, weil es nämlich Englisch war. Er hätt alle Draaser Kinner oigelade mit zu's Fischers se komme un dort mit ihm Weihnachte zu feiern. Fischers, die hatte domols noch e Wertschaft mit em scheene Donzsaal, un dorthie sin mir donn em Nikelos hinnerher gedappt. Im Saal war's warm. De große Ofe hot gebrennt un es war richtich gemietlich. Die Dische warn all wunderbar gedeckt. Schokeladekuche hot druff gestonne un heiße Kakao hot's gebbe. Mir habbe gemeent, mir dete draame. 1953 warn alle noch arm gewese, do war de Kriech korz vorbei un es hot jo net viel gebbe. Ja, un donn hot de Nikelos e Red gehalle. Die wurd ibbersetzt vun Englisch in Draaserich un donn wurd jedes Kind mim Name uffgerufe un musst dorch de Saal noch vorne gehe zum Nikelos.

Ich war domols noch sehr kloo un ich habb mich net allons getraut. Moi Mudder hot mich donn on die Hond genumme un is mit mir zum Nikelos. Er hot mer ibber de Kopp gestreichelt un donn habb ich Geschenke krieht. E Necherbebbche. Wunderschee. Un en Trainingsohzuch. Inne gonz mollich warm. Ich war so glicklich, ich kann dess gar net beschreibe, wie glicklich ich war. Abber net nur ich, naa, alle Kinner habbe sich riesich gefreit. Uns war dess egal, ob de Nikelos aus Amerika kam odder aus Draas. Die Hauptsach: Er war ibberhaupt do.

Die nächste Johr hot merr immer e paar Draaser Kinner in die amerikanische Kasern nooch Gunsenum oigelade. Do is donn en Lastwaache, mit Bänk hibbe un dribbe, kumme un dodemit sin die Kinner donn zum Nikelos gefahrn worn. Alles in allem war dess mit dem amerikanische Nikelos eines der scheenste Erlebnisse aus moiner Kindheit. Ich habb es nie vergesse: Es war ofach wunderbar.

Nikolaus

Draußen ist es bitterkalt,
weiß bedeckt der Winterwald,
plötzlich hört man Glöcklein zart,
hui, da kommt in schneller Fahrt
Nikolaus auf seinem Schlitten
aus dem Wald herausgeritten.
Von den Rentieren gezogen,
ist er durch die Nacht geflogen.
Vollbepackt mit viel Geschenken,
an die alle Kinder denken,
ruft er: „Ho, lauft mir recht schnell,
ich will pünktlich sein zur Stell!“
Weil voll Sehnsucht er erwartet,
ist er früher schon gestartet.
Ach, was das für Arbeit war!
Schlimmer als im letzten Jahr.
Als er endlich fortgefahren,
freuten sich die Engelsscharen.
Brauchen nach dem vielen Tun,
etwas Zeit um auszuruhn.
Doch für Niklaus, keine Frage,
tun die Englein gern sich plagen,
Unten auf der Erde dann,
fängt Niklaus mit der Arbeit an:
Für den Max eine Trompete,
eine Puppe für die Käthe,
und ein Rädchen für den Chris,
weil er brav gewesen ist.
Eilig geht er durch die Nacht,

bis er alles hat geschafft.
Müde ist er dann. Oh weh,
an dem Fuß schmerzt ihn der Zeh.
Doch hört er die Kinder lachen,
ob der vielen schönen Sachen,
sind vergessen Schmerz und Pein,
glücklich fährt er wieder heim.
Tut den Englein dann berichten,
was erlebt er für Geschichten.
Von Kindern, die recht artig sind,
und von manchem bösen Kind.
Dann schläft er zufrieden ein,
träumt, wie's nächstes Jahr wird sein ...

Weihnachtsgeschenke

Bei uns in de Familie is dess so: Es werd jedes Johr beschlosse, dass es koo Geschenke gibt.

Naa, dess kost zuviel Nerve un was soll merr donn schenke, wo doch jeder schun alles hot.

So geht dess schun seit Jahrn un immer geht dess so aus, das om Heiliche Obend jeder donn doch e Geschenk fer jeden hot. Un donn werd gestöhnt, „net schun widder!", abber nemme, nemme dun se all gern ihr Geschenk und freie, freie dun se sich aach.

Letzt war im Radio e Sendung, wo merr ohrufe konnt, wie merr dess mit dene Geschenke halte det. Ich hab ohgerufe, un tatsächlich, ich war in de Sendung drin. De Moderator hot mich gefroht, wie dess bei uns mim Schenke wär. Ich hab ihm erklärt, wie obbe schun erwähnt, mir hätte ausgemacht, mir schenke uns grundspeziell nix. Doch unnerm Weihnachtsbaum, dete mir donn doch all Geschenke verteile, obwohl mir uns geschworn hätte: Es gibt nix. Un so ging dess schun viele Johr.

Er musst lache un donn hot er mich gefroht:

„Nun, Frau Bachmann, was schenken Sie sich denn in diesem Jahr?"

Do hab ich gesaat: „Ei, esselbe wie letzt Johr: nix, gar nix."

Weihnachtsmärche

Oh, oh wie wunderbar, mir fahrn zum Weihnachtsmärche! Mir fahrn ins Theater nooch Meenz, mim Bus, un der kimmt extra, nur fer die Draaser Kinner absehole.

Was dess e Uffrechung war! Nächtelong konnt merr vorher net schloofe.

Domols, 1957, war dess was gonz Besonders gewese. Bei monche hot's als uff de Kipp gestonne des Mitfahrn. Nett weil die Eldern de Kinner dess net gegönnt hätte, naa, dess nett, abber monchmol, do war halt es nediche Geld net do, um e Kaat fer's Weihnachtsmärche zu kaafe un do konnt merr die gonz Sach vergesse. Un dess war sehr bitter. Viele Träne sin domols geflosse.

Bei uns hot's Geld gelongt Abber dodefer is unser Mudder aach daachdächlich nooch Gunsenum gelaafe un hot dort acht Stunde geschafft, damit es uns all e bissje besser gehe sollt un e bissje Geld do war, wie zum Beispiel halt fer so e Kaat fer's Weihnachtsmärche.

Die Zeit ging nur longsom erum, merr hot dem Daach entgechegefiebert, wo merr endlich in de Bus nooch Meenz steihe konnt. In's Weihnachtsmärche se fahrn, dess war fer uns Kinner domols, als wonn mir in's Paradies fahrn dete.

Die Fahrt hot die Frau Lipka geplant. Alles wurd genau organisiert, damit dene Kinner jo nix in ihrer Obhut bassiern det.

Morje, morje is es endlich soweit, morje Middaach fahrn mir nooch Meenz zum Weihnachtsmärche; es werd „Peterchens Mondfahrt“ gespielt.

In dere Nacht vor dem Theaterbesuch, do hot koons

vun uns Draaser Kinner richtich geschloofe, vor lauter Ängst, merr det de Bus verbasse, merr det noch schnell kronk wern odder irchendebbes Unvorhergesehens det bassiern. Unser Mudder is morjens beizeit nooch Gunsenum gelaafe, hat abber alles rausgeleht, was mir ohziehe sollte. E frisch Strumphos, es Sunndaachseklaad, die neie Schuh un donn is se beruhicht uff die Abet.

Es Lerne in de Schul, do war heit nix drin, dodefer warn mir all viel zu uffgerecht. Jeder hot em Schulschluss entgechegefiebert un dem Bus, der uns endlich, endlich ins Weihnachtsmärche bringe sollt.

Die Schul war aus, mir haam. So jetzt war's Zeit, jetzt musste moi Schwester un ich uns umziehe. Nur noch de Mondel un de Schal, donn wärn mer soweit. Es kloppt, die Frau Lipka, die bei uns im Haus gewohnt hot un die de Mudder versproche hot, nooch uns se gucke, die kimmt rinn, lobt uns, dass mir uns so schee ohgezohe habbe un donn bassiert dess Unvorhergesehene, donn bassiert ebbes, dess uns bald um de Verstond gebrocht hot. Die Frau Lipka freeht nämlich nooch de Oitrittskaate fer's Theater.

Die Kaate fer die Vorstellung: Ich waaß, wo se liehe, ich seh se sogar, abber ohns waaß ich aach, dass ich net on se konn, aach wonn ich se sehe un sie unmittelbar vor mir liehe. Die Kaate hot unser Mudder in de Kicheschronk oigeschlosse un vergesse, se rausselehe. Hinner Glas habbe se gelehe, uff em Teller. Ade Weihnachtsmärche, ade Peterchens Mondfahrt! Uns sin die Träne geloofe, weil mir wusste, es gibt koo Rettung fer uns.

Gunsenum, heit konn merr do mim Auto hiefahrn un is in e paar Minute widder serick, abber domols hätt merr e Stund hielaafe misse un e Stund serick. Mir warn om

Bodden zersteert. Die Frau Lipka hot unser Elend gesehe un die hot net so schnell uffgebbe. Mir habbe versucht de Kicheschronk mit em onnern Schlissel uffsemache, abber es ging net. Mir konnte mache was mer wollte, es war de Deibel drin. Die Zeit zur Abfahrt nooch Meenz rickt immer näher un die Frau Lipka kimmt aach longsom ins Schwitze un donn hot se gesaat: „Träne trocke un mir nooch."

Mir die Träne getrocknet, de Frau Lipka nooch, in de Bus oigestiehe, nooch Meenz gefahrn ins Theater. Die Frau Lipka hot mit dene Leit, die die Kaat abgerisse habbe, verhondelt un die hatte Erbarme mit uns un mir durfte noi.

So ein wunderbares Märche! Peterchen un Anneliese, de Sumsemann, der uff de Suche war nooch soim Booche, die Sternenwiese, die wunderschee Nachtfee, de Donner mit soine Fraa, der Blitzhexe, die Kinner uff em große Bär, die Mondkanone un de Mondmann.

Ich habb dess nie vergesse, niemols. Es war so schee, so wunderbar.

Un letzt habb ich die Geschicht bei uns im Landfraueverein vorgelese un do isses wie en Uffschrei dorch die Reihe gonge. Alle warn gonz gerihrt, weil all die, die in dem Märche warn, habbe dess, wie ich aach, nie vergesse.

Mir warn noch oft in de Weihnachtsmärche gewese, abber so schee wie „Peterchens Mondfahrt" war nie mehr ohns gewese. Un dass die Frau Lipka vun do oh bei uns en Stoo im Brett hatt, dass konn sich jeder denke.

Un die Weihnachte, die donn kam, die wär bestimmt net so schee gewese, wonn mir net dess Märche gesehe hätte. Ach ja!

Als dem Hirten Benjamin

Als dem Hirten Benjamin
einst ein Engel nachts erschien,
hat er sich so sehr erschrocken,
dass sein Atem ihm tat stocken,
ob dem Licht in dunkler Nacht,
dass ihm große Angst gemacht.
Doch der Engel sprach zu ihm:
„Nicht doch, lieber Benjamin,
ich will dir hier nur verkünden,
dass du wirst ein Kindlein finden,
das der Heiland dir wird sein,
Hoffnung gibt in Not und Pein.
In einem Stall nicht weit von hier,
folg' dem Stern, der zeigt es dir."
Und tatsächlich: Es war wahr,
und es war ganz wunderbar.
In der Krippe lag im Stroh
das Jesuskind und lachte froh.
Und der kleine Benjamin,
dem der Engel nachts erschien,
spürte als das Kind er sah,
dass ein Wunder ihm geschah.

Nie hat er das Kind vergessen,
und als Kinder er besessen,
hat erzählt er jedes Jahr,
was in jener Nacht geschah.

Jung verheirat war ich, glicklich war ich, hatt e goldich Baby un e wunderbar Weihnachtsfest sollt's deshalb diss Johr wern. Moi Schwester war leider mit ihrer Familie im Iran un so habbe nur moi Eltern mit uns gefeiert.

Ich hatt mer was oifalle losse. Was Besonderes wollt ich de Eltern mol koche. So e Esse mit viele Schneckedenzelcher. Mit Vorspeis, Hauptspeis un Noochspeis. Viel Mieh hatt ich mir gemacht. Als Vorspeise gab es Ragu Föö. Ich hab moim Vadder net gesaat, was dess is un hauptsächlich net, wie dess heeßt, des Gericht, weil moin Vadder war sehr eichen was es Esse ohgeht. Om liebste hott er gebacke Blutworscht mit Ei gesse, gereeste Kartoffele, Linsesupp, also gonz ofach un schlicht. Un wonn ich jetzt gesaat hätt: „Babba, probier mol, dess is Ragu Föö!", do hätt der noch mehr mit de Aache gerollt un de Kopp geschittelt, als er es jetzt grad gemacht hot. Ja, do war er komisch. Wonn unsern Freund Mario, der Italiener ist, mol e Pizza mitgebrocht hot, do hot unsern Vadder gesaat: „Naa danke, Mafiakuche esse ich net".

Ja, so war er halt.

Abber widder zurick zum Ragu Föö. Vorspeise falle jo net so groß aus, un wie moin Vadder, der en Bär vun em Monn war, des Ragu Föö vor sich uff em Deller liehe hot sehe, do hab ich gesehe, dass er ungläubich mim Kopp geschittelt hot. No ja, es war doch nur die Vorspeis. De Vadder hot se gesse, ich seh heit noch soi Riesebranke, mit dene er des Ragou Föö in soin große Rache geschobe hot. Zwaamol noigeschobe, geschluckt un die Sach war erledicht.

Un donn kam die Hauptspeis: Ente. Schee knusprig war

se gebrote, wunderbar hot se geroche, schee hot se ausgesehe, wie se uff em Tisch gestonne hot un mir hatte Hunger un habbe, wie merr so schee bei uns sääť, es Messer gewetzt, um uns ibber die Ent herzumache.

Ich muss hier gleich erwähne, dess war die erst und die letzt Ent, die jemols bei uns uff em Disch gestonne hot. Weil nämlich, was ich domols gar net wusst, on so nerr Ent is gar nix dro. Net groß Fleisch, meist nur Knoche, es ohnsiche was gut war, dess war die Haut vun dere Ent un der Geruch, den die Ent do verströmt hot. Aber so en Geruch, der macht am aach hungrich un vun so e bissje knusprich Haut is noch kooner satt worn.

Also die Ent wurd ausennonner gemacht, un was mir do uff em Deller verteilt habbe, dess hot om die Träne der Enttäuschung in die Aache getribbe. Ich hätt flenne kenne, weil den Spott, den ich ertraache musst, der war bitter. Moin Vadder hot net viel gesaat. Geräuspert hot er sich, mit de Aache gerollt un spöttisch de Kopp geschittelt.

Ent uff Oroche.

„Häste lieber Linsesupp gemacht, wärn merr wenigstens alle satt worn.“

Wo er recht hatt, hatt er recht.

Die Nachspeis, „Birne Helene“, die hot aach net mehr viel rausreiße kenne.

Alles in allem war dess en Heilichobend, den ich net vergesse habb. Un do habbe die Tannezweige noch so dufte kenne, die Kerze vum Baum noch so hell leichte kenne, die Lieder noch so schee klinge kenne: Mit hungriche Mäche will merr koo Weihnachte feiern, selbst wonn merr sich on de Plätzjer satt esse konnt.

Also, wie gesaat: nie mehr Ent on Heilichobend!

Jetzt waaß ich aach, warum viele Leit sich on Heilichobend odder om erste Feierdaach e Gons brote, dess is ganz klar: Weil vun nerr Weihnachtsgons, do werd merr wenigstens gonz satt!

Mutter und Weihnachten

Wenn die Weihnachtszeit beginnt,
Mutter gleich ein Valium nimmt.
Denn die Zeit, die jetzt beginnt,
ihr den letzten Nerv noch nimmt.

Sie muss nen Kalender kaufen,
weil die Kinder so was brauchen
und damit ein jeder merkt:
Weihnachten naht nun verstärkt!

Und vier Kerzen, einen Kranz,
dann noch eine Weihnachtsgans.
Plätzchen muss sie auch noch backen:
Weihnachten sitzt ihr im Nacken.

Während Weihnachtslieder klingen,
und man tut von Engeln singen,
liegt Mama dann wach im Bett,
und sie fänd es sehr, sehr nett,
wenn das Weihnachtsfest, das fiese,
sich doch mal vermeiden ließe.

Kann im Schlaf nicht aus sich ruhn,
weil so viel noch ist zu tun.
Tag für Tag ist sie im Stress,
bloß wegen dem Weihnachtsfest.

Vater ist zur Arbeit ja,
wie‘s so ist schon Jahr für Jahr,

überlässt Mama allein,
was an Weihnachten soll sein.

Fenster muss sie auch noch putzen,
was jedoch tut gar nichts nutzen,
weil nach dem sie fertig ist,
regnet es, das ist gewiss.
Und die Arbeit war umsonst,
und die Fenster sind verhunzt.

Auch wünscht sie, der Nikolaus
bliebe dieses Jahr zu Haus.
Hofft, das Christkind, ungelogen,
wär bei ihr vorbeigeflogen.

Ach, was tut man wieder schenken!
Grausam, daran nur zu denken!
Weil Kinder heut in unsren Tagen,
meistens ja schon alles haben.
Und schenkt man was nicht gefällt,
dann Ade du Weihnachtswelt!
Weil ein Drama unterm Baum,
man erlebt, man glaubt es kaum.
Und wo festlich es sollt sein,
hört man laut die Kinder schrein.

Endlich ist es dann soweit!
Auf die Erde es noch schneit
und der helle Kerzenschein
leuchtet Weihnachten dann ein.

Und es kommen die Verwandten,
Vater, Mutter, Onkel, Tanten,
wünschen Gutes nur zum Feste,
sind sehr gerne hier wieder Gäste.

Es gibt Punsch, mit vielen Eiern,
ja, den braucht man heut zum Feiern!
Und es ist für jeden klar:
Mutter macht ihn wunderbar.

Als die Mutter ihn gemacht,
hat geweint sie, nicht gelacht.
Weil sie so im Stress gewesen,
hat sie Eier glatt vergessen.

Keinen Punsch – nicht auszudenken!
Weihnachten könnt man sich schenken.
Eier muss sie noch besorgen,
nein, sie muss sie sich noch borgen,
weil schon alle Läden zu.
Valium, komm und schenk mir Ruh.

In den Ofen muss das Gänschen,
braun soll's werden bis zum Schwänzchen.
Bis die Klöße später rund,
reibt sie sich die Finger wund.

Kuchen backen, Sahne schlagen,
Baum im Walde noch zu schlagen,
und dann schmücken, festlich, schön:
Auf dem Zahnfleisch tut sie gehen.

Tisch noch decken, mit viel Tand,
zu der Soße kommt noch Schmand,
zum Gemüse kommt noch Butter,
Kätzchen braucht ja auch noch Futter.

Und den Hund, du meine Fresse,
hat sie heute auch vergessen.
Traurig sitzt im Eck er da,
weil er heut nicht Gassi war.

Endlich, endlich, wunderbar,
ist der Weihnachtsabend da.
Alle freuen sich gar sehr,
Mutter aber kann nicht mehr.

Und als man dann singt vom Kind,
dass man in der Krippe find,
trinkt sie schon den vierten Punsch,
und hat nur den einen Wunsch:
Alle, alle sollen gehen,
Weihnachten im Wind verwehen,
denn eins ist klar, gar keine Frage:
Für Mütter ist das Fest ne Plage.

Heilichobend, middaachs. Die Vorbereitunge laafe. Die Mudder hot alles blitzeblank gebutzt un gewienert. Es Wasser fer uns se bade steht uff em Kohleherd und werd longsom heiß.

Moi Schwester un ich, mir sin noch drauße uff de Gass. Do treffe mer en Nochberr vun uns. Un der fräht uns, ob mir mol was Scheenes sehe wollte. Mir wollte.

Mir sin donn mit em haam. Er hot uns hinne in soi Scheier gefiehrt und do hot so ebbes gestonne, dess war mit em Duch zugedeckt un dess hott er voller Stolz abgezohe und uns gezeicht.

Wau, mir warn sprachlos. So was, so was hatte mir jo noch nie gesehe! So was Scheenes, so was Leckeres. Es Wasser is uns im Maul zusammegelaafe. Staunend habbe mir do gestonne und geguckt.

Wunderschee belechte Breedscher. Schee garniert. Mit Schinke, Lachs, Eier, Majonäs, Petersilie. So schee. De Nochberr hot uns jedes onsele gezeicht. Un mir warn hie un weg. Un geroche hot dess, es hot uns gonz begeistert. Ja, un donn nochdem mir uns alles genauestens ohgeguckt hatte un gelobt hatte, hot uns de Nochberr widder haam geschickt.

Also: Ich war e bissje enttäuscht. Es war jo schließlich Heilichobend und do hätt so e kloo Schnittche unser Kinnerherze sehr erfreit.

Es hätt mir bestimmt aach geschmeckt, dovun war ich ibberzeucht. Aber no ja, mir sin donn haam, sin gebad worn un fer de Heilichobend fertich gemacht worn. Noch de Bescherung gab's Esse, mir habbe Kotlett mit Kartoffelsalat gesse. Moi Schwester un ich, mir musste uns ohns daale. Es hot uns gut geschmeckt. De Mudder un em Vadder habbe mir vun dene Breedscher erzählt, während mir uns dess halbe Kotlett un de Kartoffelsalat habbe munde losse.

Die Mudder hot gesaat: „Ihr habbt doch net etwa gebeddelt?"

„Naa, Mama, naa!"

So viel Stolz hatte mer jo aach. Lieber hätte mir uns die Zung abgebisse, als de Nochberr se frooche, ob mir mol so e Schnittche probiern derfte.

Abber die wunderschee belechte Breedscher, die habb ich nie vergesse, on die denk ich immer on Heilichobend. Mittlerweile kennt ich mer se jo selbst mache. Aber naa, dess mach ich net. So schee, wie se de Nochberr gemacht hot, krieh ich se sowieso net hie.

Un irchendwie brauch ich se jo aach net. Domols net un heit aach net.

Un jetzt?

Eijeijei! Dess gibt's doch net. Jetzt sin mir die Gelackmeierte! So ein Balsch!

Hot gar koo Ängst vorm Nikelos. Do biste abber baff.

Es war om Nikelosdaach. Unsern Phillip, unsern Kloone, goldiche sibbe Johr alt, dem hatte mir de Nikelos bestellt. Unser Freund, de Monfred, wollt fer de Phillip de Nikelos mache. Es war schun dunkel un es Phillipche is wie so oft ibber Disch un Bänk un hatt widder soi Ohrn uff Dorchzuuch gestellt. Ich wusst mer net onnerster zu helfe, als ihm zu saache, dass die Engelcher obends alles dorch die Fenster sehe dete und dem Nikelos berichtet dete von dene Kinner, die net brav wärn un dementsprechend dete donn aach die Geschenke ausfalle. Dess hot zwar net viel geholfe. Aber korze Zeit später habb ich gesehe, wie er ibberall mol vorsichtshalber die Vorhäng zugezooche hot. Später ist mon Monn mit em naus un hot gesaat, er soll mol on de Himmel gucke, do kennt er gonz deitlich, zwische de Sterne, de Schlitte von dem Nikelos sehe, wie der uff die Erd zufahrn det. De Phillip hot geguckt un gelacht.

Ja, und donn kame noch Onkels un Tante un moi Dochter mit dem kloone Felix, der grad 4 Monat war, un so habbe mir all uff de Nikelos gewaad. Mir hatte vorher de Nikelos nei oigekleid, damit er aach soi Wirkung hat un tatsächlich, plötzlich hot merrn geheert. Er hot gonz laut geche die Hausdier gekloppt un hot „Hohoho!" gerufe un de Phillip hot em kuhl die Dier uffgemacht.

Noochdem de Nikelos gefroht hatt, ob er hier richtich wär un es hier en Bub namens Phillip geeb, was es Phillipche mit einem fresche Grinse bestätigt hot, is er donn in die gut Stubb gestapft kumme. Soin Rucksack war vollgepackt un es hat den Ohschoi, als ob er schwer se traache hätt. De Nikelos hot de Phillip gefroht, ob er dann wisse det, wer er sei. De Phillip hot gegrinst un gesaat, er det zwar wie de Nikelos aussehe, abber er wär net de Nikelos.

„Wieso seh ich net aus wie de Nikelos?", hot unsern Nikelos e bissje versteert vun sich gebbe.

„Weil du eine Larv uff em Gesicht host un de Nikelos hätt nie im Lebe e Larv getraache."

Es war nix se mache, er hot unsern Nikelos net echtemiert. So ein Bonkert! Un mir, mir habbe jetzt do gehockt, un simmeliert, vun weche was mache merrn jetzt. Wonn mir gelacht hätte, was mir gern gemacht hätte, do wär die Geschicht mim Nikelos fer de Phillip fer immer vorbei gewese. Do häste de Nikelos fer immer in de Peif raache kenne. Also mir wusste net, was mir mache, was mir saache sollte. Nur als de Nikelos de Phillip gefroht hot, ob er donn net soin Schlitte om Himmel gesehe hätt, wie der uff die Erd zugeflooche wär un den ihm de Onkel Helmut gezeicht hätt, was vorher abgesproche war, do is doch so e kloo ängstlich Grinse ibberm Phillip soi Gesicht. Do hot merr gesehe, dass er jetzt überleht hot, un do war es em Phillip doch e bissje mulmisch worn. Ja, un donn wollt de Nikelos gehe un weil de Phillip jo gesaat hat, vun weche er wär jo gar net de richtiche Nikelos, do hot de Nikelos gesaat: „Ei ja, wonn ich net de richtiche Nikelos bin, donn konn ich jo aach die Geschenke fer dich widder mitnemme."

Wau, do hot de Phillip abber die Aache uffgerisse, do

is er gonz blass worn un unruhich uff em Sofa rumgerutscht.

Mir habbe uns es Lache verbisse.

De Phillip war jetzt verzweifelt. Er wusst, er hat sich alles verbockt. Un er hot ibberleht, wie er doch noch on soi Geschenke komme kennt. De Nikelos war schun im Gehe, soin Sack hat er schun geschuldert, doch korz bevor er on de Hausdier war, do hot er nochemol sich erumgedreht un gesaat: „Also Phillip, ich mach dern Vorschlaach, guck mich noch emol gonz genau oh un donn konnste dir aussuche ob ich de richtiche Nikelos bin odder net."

Jetzt hot's hinner de Stirn vom Phillip geabeit. Un da er jo net bleed war, hot er donn gonz gönnerhaft gesaat: „No ja, bis uff die Larv siehste jo schun aus wie de Nikelos. Also gut, vun mir aus, donn biste halt de Nikelos."

De Nikelos hot jetzt om gonze Kerper gewackelt. Merr hot aach so e Bruuste geheert. Schnell hot er em Phillip soi Geschenke gebbe un hot sich donn eilichst aus em Haus gemacht. De Phillip hot gestrahlt un dess konnt merr sehe, er war erleichtert. Er is noch emol glimpflich devunkomme. Ach, er hot sich jo so gefreit. Un darum is er schnell noch emol on die Hausdier gerennt, hot se uffgerisse un in die Nacht gerufe: „Danke, Onkel Manfred!"

Esel in der Nacht

Ein Esel trug in finstrer Nacht
Maria, als sie schwanger war,
nach Bethlehem voll Zorn:
Maria wurde ihm zu schwer!
Er bockte: Nein, er wollt nicht mehr!
Auch quälte ihn ein Dorn.

Der Weg war steinig, unbequem,
und als an‘s Ziel sie kamen,
da hatten alle Wirtsleut hier
mit ihnen kein Erbarmen.

In einem Stall fand man Quartier,
das Stroh bot Schutz für Mensch und Tier,
der Esel schlief bald ein.
Doch mitten dann in tiefer Nacht,
da ist er plötzlich aufgewacht,
von einem hellen Schein.

Und was er sah, war wunderbar,
ein Kindlein lag im Stroh,
Maria sang ein Lied dem Kind,
und Josef lachte froh.

Da schaut das Kind den Esel an,
der müde, in der Krippe stand,
und lächelte ihm zu.
Und er, der alt, gebrechlich war,
der wusste nicht, wie ihm geschah,
sein Herz, es kam zur Ruh.

Vergessen war der Reise Last,
er schämte sich gar sehr,
dass er geklagt, Maria sei
zum Tragen ihm zu schwer.
Von nun an trug voll Stolz er sie,
trotz mancherlei Beschwerden,
und klagen hört man ihn nie mehr,
hier unten auf der Erde.

Als seine Zeit gekommen ward,
da streichelt ihn Maria zart,
Und leis hört er sie sagen:
„Am Himmelstor wartet ein Kind,
es wird den Weg dir zeigen,
du trugst es einst, durch Schnee und Wind,
in bitterbösen Zeiten.

Lebwohl mein Freund, ich danke dir,
du warst stets Hilfe, Freude mir.
Dein Weg ist nun zu Ende."
Da kam ein Engel und führte ihn,
zum Kinde, das einst im Stalle drin,
damit den Weg er fände.

Weit öffnet's Kind das Himmelstor,
und als der Esel stand davor,
da lachte es voll Freude.
Es füttert ihn mit Heu und Stroh,
der Esel war so glücklich, froh –
und blieb's für alle Zeiten.

Weihnachte in Eltville

Gestern bin ich mit moim Enkelche dorch Eltville spaziert. Un ich hab es sehr genosse, wie mir zwaa, de Felix un ich, dorch Eltville sin. Er in soim Kinnerwaache wollt net schloofe, hot gesesse un geguckt. Ohne ohn Mucks von sich zu gebbe. Un während ich voller Wonne dorch Eltville bin, sin mir all moi Erinnerunge widder hochkumme, un ich war voller Haamweh nooch dere Zeit, die ich hier in Eltville erlebe durft. Un noch während ich jetzt schreib, laafe mir die Träne die Backe enunner, un ich bin traurig, dass nix mehr so is, wie es war.

Eltville, die Stadt, de Rhoi, de Roseduft, die Großmudder, de Großvadder, die Tante, de Onkel, de Kuseng. Ich habb dess alles geliebt. Die Geborgenheit bei de Großmudder. Es Wisse, hier biste willkomme, hier findste Ruh. Fer mich war die Großmudder moi Oh un Alles. Sie ist jetzt schun so long dot, aber moi Träne laafe immer noch, moi Sehnsucht nooch ihr hot nie noochgelosse, sie hot moi Lebe mitgeprägt. Aber aach de Opa, die Tante Hilde, de Onkel Paul, de Kurt. Ich bin ihne heit noch donkbar fer die schee Zeit, die ich bei ihne verbringe durft.

Ich war sehr oft in Eltville; Eltfeld habbe so do als noch gesaat. Un als ich im Kronkehaus in Wiesbade war, do hot on de Wand en Stich gehonge, uff dem war e Bild von Eltville, de Rhoi, die Burg un unne drunner hot „Eltfeld“ gestonne. Ich war fasziniert.

Eltville is e wunderschee Städtche. En Teil moines Herzens geheert fer immer der lieblich Stadt. Wonn ich in Eltville war, donn war klar, do bin ich jeden Sunndaach mit de Oma in die katholisch Kersch. Alles war gerechelt.

Wonn mir haam kame, war schun alles vorbereitet un mir konnte gleich druff esse. Die Oma konnt gut koche. Abber es hätt mir aach geschmeckt, wonn die Oma net hätt koche kenne. Alles, was vun ihr kam, war fer mich gut. Nie hot se mit mir ernsthaft geschennt. Immer hatt se was zum Esse fer mich. Wonn ich als jung Mädche kam, war die erst Frooch, host du schun was gesse. Un obwohl ich dess bejaht hatt, kam gleich e Stückche Kuche un e Tass Kaffee uff de Disch. Geschloofe habb ich noch als ich älter war bei de Oma; „Leffelches" habbe mir gelehe. Un sie hot mir immer erzählt, vun frieher, vun ihr'm Lebe, vun ihre Sorje un Freude. Ich hab mich so wohlgefiehlt.

Im Sommer bin ich mit moim Kuseng ins Schwimmbad. Domols hatte mir dehaam net viel Geld un on en neie Badeohzuch se denke, dess hot merr sich gar net gewaacht. Ich hatt so en blaue Badeohzuch, aus Baumwoll war der, wonn der nass war, war der lappelich. Moin Kuseng hot dess soiner Mudder erzählt, die hot mit de Oma geredd un is mit mir de nächste Daach in die Stadt un hot merr – beim Hatzmann – en neie Badeohzuch kaaft. Ich waaß noch gonz genau, wie er ausgesehe hot. Als ich en de nächste Daach ohhatt, hot moin Kuseng obends de Oma erzählt, heit hätte aach die Bube noch mir geguckt.

Im Summer ins Schwimmbad, im Herbst in die Traubeles, Eltville hinne un Eltville vorne. Ich konn gar net saache, wie oft ich in de Burch war, den Turm enuff bin un voller Hochachtung dess Zimmer, wo de Gutenberch mol drin gewohnt hot, bewunnert habb. Die gonz Burchohlaach, wunderschee. Mi'm Großvadder habb ich oft unne om Rhoi uff de Bonk gesesse un de Schiff zugeguckt, die do vorbeigefahrn sin. De Opa hot soi Peif geraacht un immer Ängst gehabbt, dass ich in de Rhoi falle det. De Wind is dorch die Plantane un fer mich war die Welt in Ordnung.

Ich bin jo vun Draas. Moi Familie wohnt in Draas. Die Mudder, de Vadder, moi Schwester Marlies. Ich habb oft dribber noochgedenkt, wieso ich so gern in Eltville war. Ich glaab, ich habb die Lösung defer: Ich bin erst mit fünf Jahr von Wiesbade, wo ich geborn wurde, nooch Draas gezooche. Ich war e fein Mädche sozusaache. Un dess habb ich zu spiern krieht. Jedenfalls die erst Zeit. Desweche denk ich, bin ich so gern in Eltville gewesen.

Doch monchmol, do denke ich noch on die Weihnachte, wo ich bei moine Eldern dorchgesetzt hatt, dass ich die Weihnachte in Eltville bei de Oma verbringe konnt. Ich hab gemeent, dess wär Glick pur.

De Weihnachtsdaach kam, morjens wurde mir unne in de Wäschkich im Brenkel gebad. Die restlich Zeit bis zu de Bescherung habbe moin Kuseng Kurt un ich demit zugebrocht, uns gecheseitich zu ketzern. Mir konnte uns gut leide. Abber mir habbe es net gern zugebbe.

Drauße hot es ohgefonge se schneie. Eltville im Schnee: e Märche, e Traum. Middaachs hat die Oma Supp gekocht. Nooch em Esse is de Baum geschmickt worn un merr hot sich vorbereitet uff de Heilichobend. Noch war alles in Ordnung bei mir. Aber, als es ohgefonge hot se dunkele, do is in mir pletzlich die Sehnsucht hochkomme, ich wollt haam. Ich wollt nooch Draas, zu moine Mama, zu moim Baba, zu moiner Schwester. Ich hätt om liebste geflennt. Ich erinnere mich net droo, ob ich dess aach de Oma gesaat habb. Aber hätt ich es ihr gesaat, sie hätt es verstonne. Nur helfe hätte se mir jo aach net gekennt: Domols hot kooner e Auto gehabbt, sunst hätt merr mich schnell haam gefahrn. Ich musst bleibe. Abber moi Herz war on dem Obend net gonz in Eltville, moi Sehnsucht is zum erstemol in Richtung Draas gonge. Un do hot aach alles nix genitzt, die Geschenke, es gute Esse, die Oma, de Opa, die Tante, de Onkel, de Kuseng – ich wollt haam. On dem Obend hot die Oma mich besonders liebevoll behondelt. Ich denke, sie wusst was in mir vorgonge is. Liebevoll, is vielleicht dess falsche Wort, en Streichele ibber die Haar, mol die Hond gedrickt, uff de Schoß gesetzt, dess war alles un doch so viel.

Die Weihnachte is erumgonge. Abber ich, ich bin in Zukunft on Weihnachte immer dehaam gebliebe, bei de Mudder, em Vadder, de Schwester. Un die Großmudder, die hot gelächelt, als ich es ihr später, als ich erwachse war, erzählt habb. Moi Großmudder, die braucht nix se saache, die hot mich nur ohgeguckt un mir habbe uns ohne Worte verstonne. Gonz ehrlich. Sie fehlt merr heit noch, doch ich bin voller Donkbarkeit, dass ich sie hatt.

Un so wie die Großmudder fer mich do war, so mecht ich aach gern fer moi Enkelkinner do soi.

Ich gebb mer jedenfalls die greeßt Mieh.

Jeder fer sich!

Diss Johr, diss Johr, hatte mir all beschlosse, diss Johr feiert jeder fer sich Weihnachte!

Es wär doch immer mit soviel Abet verbunne un der umständliche Wech vun Draas noch Meenz, alles misst merr fer die Kinner mitschleppe – naa, jeder feiert emol fer sich!

Moin Monn un ich, mir habbe domols in Meenz om Zollhafe gewohnt un die Eltern und moi Schwester un ihrn Monn in Draas. Es war es zwaate Mol in moim Lebe, dass ich ohne Eltern und Schwester feiern det, abber ich war jetzt aach verheirat, hat e kloo Dochter, die Sybille, e halb Johr war se alt, und so habb ich, obwohl es mir irchendwie net gebasst hot, halt dere gonz Sach zugestimmt un versucht es Beste draus se mache. Abber irchendso e komisch Gefiehl is mir immer hinnerher geschliche. Ich konnt es net erklärn, abber ich musst halt lerne, dass jeder jetzt soi eiche Lebe lebt. Moi Schwester, die hatt en kloone Bub vun fast em Johr, de Christopher, un die wollte donn mit ihrm Monn un dem Kloone bei de Mudder un em Vadder feiern.

No ja, de Heilichobend kam, drauße wurd es dunkel, mir habbe die Sybille, unser Kind, festlich erausgebutzt, habbe om Weihnachtsbaum die Kerze ohgesteckt un mir wollte jetzt besinnlich Weihnachte feiern. De Plattespieler hot weihnachtliche Lieder geduddelt. Mir habbe uns on unserm Kind erfreit, abber irchendebbes hot gefehlt.

Ich gebb es zu: Ich war de Träne nah. Nie hätt ich gedenkt, dass ich emol flenne det, nur weil moi Familie on Weihnachte net do war. Ich war traurig, moin Monn hots gemerkt, er war aach net so in Stimmung. Sybille, unsern Sunneschoi, wusst jo nix vun unsere Gefiehle un hot begeistert nooch de Lichter gegriffe.

Es war sechs. Es war sibbe.

Uff omohl klingelts. Ibber unser Gesichter ging e Strahle. Mir wusste sofort, wer dess war: Dess war se, die Familie!

Un so wars aach. Sie kam un sie hatte alles mitgeschleppt, die Winnele fer de Kloo, die Geschenke, es Esse, was zum Trinke un mir warn alle so glicklich. Jeder hot jeden gedrickt und es war pletzlich widder moi Weihnachte. De Opa Fronz war stolz uff soi Enkelcher. Die Oma Betti hot gestrahlt un aach ihrn Spass gehabbt.

Un so is es noch viele Johrn geblibbe. Weihnachte, dess habbe mir immer sesomme gefeiert. E paar Johr ging es net, weil moi Schwester mit Familie im Ausland war, abber wonn's ihne möchlich war, dann warn se on Weihnachte do. Om letzte Weihnachte vun unserm Vadder, 1975, konnte se net komme, do warn se im Iran.

Ich muss saache, ich bin heit noch froh, dass mir all die viele Johrn sesomme Weihnachte gefeiert habbe. Es Lebe ännert sich monchmol ibber Nacht. Seerst musst de Vadder gehe. Er war 62 Johr un mer hätten noch gut gebrauche kenne. Unser Mudder hatte mir noch long, un die war immer on Weihnachte debei, bis se haamgerufe wurd.

Noochdem unser Kinner groß warn, wurd zuerst die Bescherung bei uns dehaam gemacht. Abber gleich nooch em Esse, do sin mer wie jedes Johr hinner zu de Tante Marliese, moiner Schwester, un habbe dort gemeinsam weitergefeiert. Domols habbe die Stiehl als net gelongt, so viel Leit warn mer. Wobei die Kinner, wie se noch kloo warn, all im Keller zum Spiele warn un sich ihr Weihnachtsgeschenke gezeicht habbe.

Es bleibt merr unvergesslich: Die Oma Lehr un de Opa Lehr, die Tonte Maja, die Frau Zunker, de Lehr Alfred mit Fraa un Kinner, unser Mudder, die Tante Vroni, mir un unser Kinner, Covinos un ihr Kinner, moi Neffe Christopher mit soiner Fraa un soi Kinner, dem Max un em Phillip un de Tobias – es war alles gut un nadierlich moi Schwester und moin Schwaacher.

Es blieb net so. Nooch e paar Johr war om Disch pletzlich mehr Platz. Ohn Stuhl nooch em onnern war pletzlich net mehr besetzt. De Opa Lehr ging als erster, die Frau Zunker, die Tonte Maja, unser Mudder, es Vronche und zum Schluss ging unser Mäxche, unsern Liebling. Un donn is es nie mehr so worn wie's emohl war. Mir hatte viel verlorn.

Abber es Lebe geht weiter. Unser zweit Dochter, die Barbara, hot geheirat. Mir habbe jetzt drei Enkel, zwaa Bube, de Felix und de Tim, un die Kloo vun de Sybille, unserer Groß, die heeßt Lilly, un fer die sin mer sehr donkbar. Ich hoffe fer uns all, dass mir noch long Weihnachte sesomme feiern kenne un wonn mer mol haamgerufe wern, donn solle die Junge devun erzähle, wie schee es war, als die Alte noch do warn. Mir denke gern serick on die viele Johrn, wo unser Familie noch groß war un mir wern die Weihnachtsfeste nie vergesse, die mir sesomme gefeiert habbe.

Es geht hierbei gar net so um Weihnachte, naa, es geht aach dodrum, dass merr begreift, wie wichtich e Familie ist. Nadierlich gab's bei uns aach Querele, abber mir habbe se ibberstonne un immer zuenonner gestonne, in gute und in schlechte Zeite. Ich denke, mir konnte dess aach unsere Junge mitgebbe, die sin middlerweile jo aach net mehr so jung, un die sin immer debei, wonn e Familiefest is, ohne Ausnahme. Ich glaab ofach, weil se begriffe habbe, was es heeßt, wonn merr uff soi Familie serickgreife konn un dess net nur on Weihnachte.

Un vielleicht begreife dess unser Enkelkinner aach emol un die Tradition werd fortgesetzt.

Weihnachtslied für Kinder

Heute, hurra, da gehen wir,
auf den Weihnachtsmarkt!
Alle Kinder freuen sich
auf diesen schönen Tag.
Äpfel, Nüsse, Marzipan,
mag ein jeder gern.
Popcorn, Bratwurst, heißen Tee,
riecht man schon von fern.

Seht nur, ach wie wunderbar,
das große Karussell!
Immer fährt's im Kreis herum,
dreht sich dabei schnell.
Fritzchen sitzt auf einem Pferd:
Lauf, mein Pferdchen, hüh!
Er sitzt sicher, fest im Sattel
ohne große Müh.

Mutter, sieh der Nikolaus,
mit 'nem weißen Bart!
Oh, vor dem da fürcht ich mich,
weil oft ich brav nicht ward.
Komm nur her, du kleiner Wicht,
lacht der Weihnachtsmann,
sag mir doch mal ein Gedicht.
Fritz ist angst und bang.

Stotternd sagt er ein Gedicht.
Nikolaus, der lacht,

lobt ihn, gibt ihm ein Geschenk:
Fein hast du's gemacht.

Mit einem Pferdchen, ganz aus Holz,
geht er nach Haus sodann,
und träumt im warmen Bettchen dann
vom lieben Weihnachtsmann.

Weihnachte im November

Weihnachte im November, dess gibt's doch gar net! Doch, dess gibt's: Ich habb's selbst erlebt.

E Weihnachte ohne Glockegeleit, ohne Kerzelicht, ohne Geschenke un trotzdem war's wie Weihnachte.

Es war 1989. Verfrorn, ibbernächticht un verlorn habbe se in Meenz on de Bushaltestellte gestonne. Sächsisch habbe se geschwätzt un dess hot mich uffhorsche losse: „Gute Morje, kummt ihr vun dribbe?"

E Nicke mim Kopp, donn sin Träne gelaafe. „Unfassbar, dass mir jetzt hier stehn." Zeh Stunde warn se unnerwegs. Sie misse fix un fertich gewese soi, abber die nei Freiheit hot Erschöpfung net zugelosse. Sie wollte als erstes ihr Begrießungsgeld abhole, un da mir sowieso nix vorhatte, habbe mir die Andrea un die Elke einfach zum Rathaus begleit. Was e bissje Freundlichkeit un Hilfsbereitschaft alles on Gefiehle bringe konn, dess is kaum se glaabe.

Im Rathaus habbe hunnert Mark de Besitzer gewechselt, donn sin mer zum Markt. In de Gesichter vun dene Mädcher Fassungslosichkeit, Unglaube ibber so e Ohgebot. Es war kalt, wie mer ibber de Markt sin, abber die Mädcher habbe net gefrorn. Wenn merr so glicklich is, dut merr net friern.

„Habbt ihr vielleicht en besondere Wunsch?"

Hamburger esse, Cola trinke. Beim McDonald wollte se die Colabecher mitnemme.

„Fer was braucht ihr donn die Becher?", hab ich ungläubisch gefroht.

„Zum Trinke", habbe se gesaat.

Zum Trinke? Un donn hatt ich's begriffe: Sie hatte so

was noch gar net gesehe. So en ofache Plastikbecher, nooch dem bei uns nooch Gebrauch koon Hahn mehr kräht, der war fer die Mädcher ebbes Besonderes. Mir kam irchendwie Entsetze hoch.

Un longsom is mir gedämmert, dass es dribbe in de DDR noch viel schlimmer war, wie ich mir jemols vorstelle konnt. Mir habbe die Träne in de Aache gestonne, so fassungslos war ich. Om Nebedisch e alt Fraa, die hat moi Fassungslosischkeit mitkrieht. Sie hot mich ohgeguckt un gesaat: „Gell, mir sin verweehnt." Mein Gott, irchendwie kam eine ohnmächtiche Wut in mir hoch. Was merr mit dene Leit in de DDR gemacht hot, dess is net zu fasse.

Donn sin mer zum Oikaafe. Sie warn fast schwindelich vor Glick ibber all dess, was se hier zu sehe bekame.

Fer uns war klar, dass mir heit Nacht die zwaa beherberche musste. Träne sin gelaafe, sie wollte es gar net glaabe. Mir warn beschämt.

Un was donn on dem Daach noch alles bassiert ist, des hätt ich alles net fer mechlich gehalle. Um uns erum is e Welle vun Hilfsbereitschaft ins Rolle kumme. Die Oma is haam, hot zwaa Pfund Kaffee geholt un jedem Mädche fünfunsibbsich Mark geschenkt. Die Tonte un de Unkel habbe sofort gute Woi geholt, moim Kuseng soi Fraa hot e fast nei Lederjack spendiert.

So en Spass zu sehe, wie Mensche plötzlich widder menschlich wern. Dess war e groß Ereignis. Viel habbe uns die Andrea un die Elke erzählt. Viel Unbegreifliches. Vun ihrer oigeengte persönliche Freiheit, devun, dass die Mensche in de DDR all e bissje em Wahnsinn nahe warn. Jeder hot versucht, soviel wie meechlich fer sich zu ergaddern. Zwischenmenschliche Beziehunge sin dodebei total uff de Streck geblibbe. Mir habbe draus gelernt. Was geht's uns so gut!

Dene Mädcher wollte mir begreiflich mache, dass mir nur Normalverdiener sin. Sie habbe es net geglaabt. Ich konnt's aach gut verstehe. Fahrt net voll Neid serick. Mer kenne jo nix defer, dass es uns besser geht wie eich. Abber irchendwie kame mir moi Worte e bissje schal vor. Jedenfalls habbe mir uns all on dem Daach prima gefiehlt. Die Oma war glicklich, dass die Freid ibber Geld so groß war, die Tonte un de Unkel, moin Kuseng, soi Fraa, mir, unser Kinner. Es war werklich wie Weihnachte. Sunndaachs morjens ging's nooch Wiesbade. Dort hot ihne e alt Oma zwonsisch Mark in die Hond gedrickt, geflennt und gesaat, wie Leid ihr dess det, was alles in de DDR bassiert wär. Sie warn fassungslos, ibberwäldischt, sie warn wie im Paradies. Wie se kame, hatte se e halbleer Reisedasch, wie se ginge, hatte se zwaa große Koffer, zwaa Reisedasche un Dudde. Ich waaß net, wer vun uns glicklicher war, die, die mir so beschenke durfte, oder mir, die mir geschenkt habbe?

Alles in allem, es war fer uns e toll Erlebnis, e Erlebnis aus em Moment geborn, wo Mensche menschlich hondele. Unser Worte beim Abschied: „Grißt uns die DDR un kummt bald widder, ihr seid uns herzlich willkumme!", die Worte kame jedenfalls bei uns all vun gonzem Herze.

Kindheitserinnerunge, Weihnachtserinnerunge, immer fällt mir nebbe Tannebaum, Geschenke, gutem Esse un Christmett en kloone, nickende Necherbub aus Gips oi.

Wenn zwaa Daach vor Heilichobend die Kripp in de Kerch uffgebaut war, donn saß er vorne im Schneidersitz om Rond vun de Kripp un hot uns Kinner mit soine große Aache starr un reglos ohgeguckt. Soi Haut war diefschwarz, schwarze Gipslocke uff soim Kopp, die Aache warn groß und weiß, soi Lippe dick un wulstich. In soine Händ hot er e kloo Schälche gehalle un in dem Schälche war en Schlitz. Ohgezoh war er mit em korze bunte Hemdche un ner korz Hos. Soi Fieß warn nackisch. Grad so wie die Heidekinner in Afrika, fer die aach es Geld, dess merr in dess Schälche geworfe hot, bestimmt war. Er war sosesaache e Spardoos.

Abber was for oh, e gonz besonders Spardoos! Hot merr do nämlich e Geldstick enoigeworfe, do fing er oh zu nicke. Soi Nicke war begleitet vun so em knarrende Geräusch un hot uns Kinner jedes Johr vun neiem fasziniert. Un immer, wenn ich e Geldstick oigeworfe hatt, un er so vor sich hiegenickt hot, do habb ich domols gemeent, es käm Lebe in die kloo Figur. Soi Aache, habbe die mich net donkbar ohgeguckt? Is do net ebe e kloo Lächele ibber soi Gesicht gehuscht? Hot sich dess knarrende Geräusch, dess merr immer geheert hot, wonn er genickt hot, net ohgeheert wie „danke, danke, danke“? Domols hat er nur fer mich genickt. Ich wusst es gonz genau. Ich konnt soi Donkbarkeit fast kerperlich spiern un es hot mich sehr glicklich gemacht.

Donkbarkeit, e Wort fer dess es heit wenich Verwendung gibt. Donkbarkeit fer Gesundheit, fer Familie, fer Freunde, fer Besitz. Wer hot grad in de Weihnachtszeit fer Donkbarkeit Zeit? In der besinnliche Zeit geht der Gedonke dodro in de Hektik vun de Weihnachtsvorbereitunge unner. Ich will mich do net ausschließe. Abber is es net dumm vun uns all, uns so uff es scheenste Fest vum Jahr, uff Heilichobend, vorsebereite? Sollt net grad in der Zeit die Besinnlichkeit Vorrong habbe?

Es geht uns gut. Geht es uns net zu gut? Mir fille unser Haiser mit Luxus un unser Herze wern debei immer leerer. Zwischenmenschliche Beziehunge, Sorje um onnern und Freid on Kloonichkeite sin Dinge, die mir uns unbedingt erhalle misse. Wenn net, werd‘s um uns erum immer einsamer. Was nitzt uns donn de gonze Luxus, wenn uns die Freundlichkeit vun unsere Mitmensche fehlt, wenn mir selbst net mehr freundlich soi kenne? E freundlich Wort, e mitfiehlend Geste erwärmt alle Herze.

Domols als ich noch e Kind war, gab‘s net viel Geschenke fer uns. Es Geld war knapp. Die Geschenke wurde meist selbst gebastelt, genäht oder gestrickt un warn immer nitzlich. Mir habbe uns domols riesich ibber jede Kloonichkeit gefreit un wusste noch vun gonzem Herze se donke. Un die Freid un dess Danke hot uns mit ner Wärme umhillt, die ich nie mehr erlebt habb, seit ich erwachse bin. Ich winsch mir fer moi Kinner, dass die dess Gefiehl, die Freid, die Donkbarkeit un Ehrfurcht aach emol erlebe dete. Sie sollte lerne, sich aach ibber kloone Geschenke se freie, grad so wie der kloone nickende Necherbub aus Gips, der sich selbst fer en Penning mit blitzende Aache, em Lächele un soim Nicke donkbar gezeicht hot.

Friede, Freid, Hoffnung, Licht,

Friede, Freid, Hoffnung, Licht,
Glockeleite, e Gedicht,
weiß de Wald, mit Schnee bedeckt.
Christkind hot sich noch versteckt.

Tanneduft in de Luft,
in de Haiser Plätzjerduft,
Engelshaar, zart und foi,
Dunkelheit un Kerzeschoi.

Kinnerherze hoffnungsvoll,
finne alles heit gonz toll,
gucke, waate, freie sich:
Christkind, kumm un spute dich!

Weihnachtsgefiehle

Weihnachte, wonn merr dess Wort heert, do werd's om direkt warm um's Herz. In dess Wort kennt merr sich noifalle losse. Vergesse merr mol all den Stress, der mit dem Fest verbunne is, bleibe mer ofach bei dem Wort Weihnachte. Als erstes fällt om mol die Kindheit oi. Un die Weihnachtsgefiehle, die merr domols hatt. Ach, es war so schee, de Schnee im Dezember, de Adventskronz, es Plätzjerbacke, de Tannebaum. Die Wohnstubb, die sunst nur on besondere Feierdaache benutzt wurd, war geheizt und gemietlich warm. Es hot nooch Bohnerwachs geroche un Tanneduft is om in die Noos gestiehe. Die Bescherung, die Kerze habbe gebrennt. Es war so festlich. Nett nur im Wohnzimmer, naa, aach in om drin. Domols als Kinner hatte mir all noch e Weihnachtsgefiehl, dess konnt uns niemond nemme. Dess hot in uns om Heiliche Obend geschafft. Inne drin, do war's om, als ob do Kerze in om brenne dete, genau so viele wie om Tannebaum un desshalb war's om aach so warm um's Herz.

Un donn is merr älter worn, kuhler, abber on Weihnachte, do hot merr immer noch e bissje Weihnachtsgefiehl gehabbt. Wonn merr es aach net gern zugebbe hot. Bei de Jugendliche werd dess errunner gespielt. Abber die mache nur so, als wonn se dess Weihnachtsgefiehl net mehr bräuchte.

Ja un donn, hot merr geheirat un on Weihnachte war dess Gefiehl widder do, verstärkt widder do. Weil merr war verliebt, hot in de Liebe geschwelgt un dodezu noch Weihnachte, Glick pur!

Die Kinner kame, ohns nooch em onnern, un dess

Weihnachtsgefiehl is geblibbe, Jahr fer Jahr un dess Weihnachtsgefiehl wurd dann begleitet von Donkbarkeit. Merr war donkbar fer dess, was merr hatt. Fer die Kinner, die mit leuchtende Aache vorm Baum gestonne habbe.

Donn ginge die Kinner aus dem Haus. Un pletzlich do hot dess Weihnachtsgefiehl bei mir e bissje noochgelosse. Dess Weihnachtsfiehl, dess ich so geliebt hatt, dess aus Sehnsucht uff Friede fer die Welt un Hoffnung uff e besser Zeit entsteht. Es war pletzlich net mehr so intensiv. Jedenfalls bei mir net. Ja, un wonn donn Weihnachte war, do habb ich immer druff gehofft, dass es nochemol in mir hochsteihe det. Abber alles umsunst. Es kam net mehr, jedenfalls net mehr so intensiv. Do konnt ich noch so weihnachtlich dekoriern, do konnt ich noch soviel Engelcher un Kerzjer hiestelle. Ich konnt grad mache, was ich wollt.

Ja, un donn kame die Enkel. Un do war es pletzlich widder, zum Greife nah. Do war se widder, die unglaublich Freud on dem Daach, do hot merr die kloone Guckelcher strahle gesehe un do, is es om widder warm ums Herz worn, gonz warm. Ja un so, winscht merr sich, soll es bei allen, die om Heilichobend zusomme sin, soi. Abber merr konn nix zwinge. Merr muss sich immer um soi eichen Weihnachtsgefiehl kimmern. Un dess mach ich aach: Moi Weihnachtsgefiehl, dess teil ich mit moine goldiche Enkel. Dene erzähl ich von em Nickelos, von den Engelcher, von dem Kind im Stall dess in de Kripp gelehe hot, vun de Maria un em Josef un wonn ich donn ihr Aach leichte seh, donn waaß ich, die habbe noch dess Weihnachtsgefiehl in sich, dess ich als Kind hatt. Un dess macht mich froh.

Weihnachte. Weihnachte.

Wie dess klingt: Weihnachte. Grad wie e sanft Melodie. So zart, so lieblich.

Weihnachte. Es klingt aach friedvoll, so verheißungsvoll, geheimnisvoll, erwartungsvoll.

Engel kumme om in de Sinn. Un Sterne, gonz viel leuchtende Sterne am klare Himmelszelt. Un on en eisiche Wind denkt merr, on gonz viel Schnee un on Schlittefahrn.

So e warm Weihnachte, do dut merr gern druff verzichte.

De Adventskronz fällt om oi. Teetrinke, Brotäppelesse, Plätzjerbacke un mer hofft, dass mer Zeit hot, viel Zeit fer mit de Kinner se kuschele un debei Geschichte se erzähle. Un de Nikelos, on den denkt merr nadierlich aach. On strahlende Kinneraache, on beleuchtete Stroße, on Kerzelicht, on Geschenke, on en wunderscheene, nooch Tanne duftende Weihnachtsbaum, on e Weihnachtsgons und die Christmett. Ja, dess alles kimmt om in de Sinn in dere Weihnachtzeit. Un merr rickt in dere Zeit mit de Freunde un de Familie mehr zusomme.

Weihnachte, merr kennt sich grad in dess Wort noifalle losse. Dess wär, als wonn merr sich in weiche Wolke falle losse det. In dene merr uffgehobe wär, ohne Sorje, ohne Schmerz, sich nur wohlfiehlt. Nur Friede und Freid. Weihnachte: Loslosse, de Alltach emol fer korze Zeit loslosse, un mol nur on des Kindche denke, dess domols in kalter Nacht geborn wurd. Zu unserer Rettung geborn wurd.

Woher dess Wort Weihnacht ibberhaupt kimmt? Ich habb's noochgelese. Im Johr 1170 wurd es erstmols erwähnt, die Gnade Gottes kam zu uns in dieser Nacht. In dere Nacht, wo dess Kind im armseliche Stall geborn wurde. Deshalb det merr Weihnacht, geweihte Nacht, saache.

Niemond waaß, wonn alles genau geschah, niemond kennt e Datum. Aber dess is aach net wichtich. Wichtich is, dass merr alles, was domols geschehe is in dere Nacht, net vergesse hot. Un vergesse geht dess net. Do kenne die Mensche zum Mond fliehe, do konn die Wissenschaft sensationelle Erfindunge mache, alles nix geche dess Wunner, dess in de Heiliche Nacht geschah. Wo dess Kind geborn wurde.

Weihnachte, die Gnade Gottes kam zu uns in dieser Nacht.

Weihnacht: Ich wünsch Ihne alle e froh Weihnachte!